Alfred Baur

Sprachspiele

Eine heitere Hilfe für richtiges Reden

Mit einem Beitrag über die Entwicklung des grammatikalischen Sprechens beim Kinde

J. CH. MELLINGER VERLAG · STUTTGART

Den Linolschnitt auf dem Einband gestaltete
Frau Gunde Baur.
Einbandgestaltung:
Wolfgang Marquardt, Graphiker, Stuttgart

ISBN 3-88069-052-9

Inhalt

Einleitung

Das Spiel mit Wörtern und Sätzen ist bisher in der Pädagogik noch selten verwendet worden. Das ist erstaunlich. Liegt doch im kindlichen Spiel die heiterste und einprägsamste Quelle des Lernens, besonders in dem für die Sprache so wichtigen Alter vor und nach dem Schuleintritt.

Die Spiele entstanden allmählich in den vielen Jahren meiner sprachtherapeutischen Tätigkeit. Ich konnte in der bestehenden Fachliteratur wenig finden, was sich leicht den Kinderherzen eröffnet hätte. So mußte ich selber, so gut ich eben konnte, etwas Künstlerisches hervorbringen, was auch gleichzeitig helfen sollte, ganz bestimmte Schwierigkeiten zu überwinden. Man darf in dem, was daraus geworden ist, etwas erblicken wie das Produkt eines poetischen Kunsthandwerkes, bei dem versucht wurde, das Schöne mit dem Nützlichen zu verbinden. Das hat sich unendlich oft bewährt. Die Kinder mußten nicht schulmäßig lernend zum richtigen Sprechen genötigt werden. Sie konnten es vergnügt *spielend* aufnehmen,und damit verankerte es sich tiefer und gründlicher in ihren Seelen als etwas unwillig Gelerntes.

Freilich haften falsche Wendungen noch lange in der Gewohnheit, zumal das Kind nicht nur die anderen Menschen, sondern auch sich selbst und damit die eigenen Fehler nachahmt. Das geschieht besonders dann, wenn die Zeit des normalen Spracherwerbes schon überschritten ist.

Man darf aber nicht ungeduldig werden, wenn das Kind manche Fehler immer wieder macht. Es ist für ein Kind noch wesentlich schwieriger, die eigenen Worte zu kontrollieren als für den Erwachsenen.

Und darum ist es nötig, *regelmäßig,* am besten täglich, mit den Kindern in dieser Art zu spielen. Das entspricht auch durchaus ihren Neigungen. Sie bleiben gerne für ein paar Tage beim selben Spiel und schätzen nicht so sehr, was den Erwachsenen an der Abwechslung erfreut. Sie verwirrt sie eher. Zu den Bedingungen, unter denen sich Kinder ein grammatikalisch richtiges Sprechen aneignen, gehört auch jener freudige Eifer, den sie nur für das Spiel aufbringen. Der Eifer dringt bis in die unterbewußten Tiefen der Seelen, wo sich aus dem Erlebten Fähigkeiten entwickeln. Die Kinder sollen ja nicht die grammatikalischen Regeln erlernen, vielmehr muß es gelingen, den Grammatik-Willen zu befeuern.

Die Grammatik ist selbst assoziativ. Wort und Wörter verbinden sich nach eigentümlichen Gesetzen. So soll sich auch Kind mit Kindern verbinden, weil gemeinsam Erlerntes erst wirklich in den Seelen nachklingt.

Ich halte es nicht für günstig, wenn das Kind doppelsprachig heranwächst. Es läßt sich zwar in einer zweisprachigen Umwelt nicht vermeiden, daß ein Kind Redewendungen der anderen Sprache aufschnappt, versteht und manchmal verwendet. Doch soll das Kind eine *Muttersprache* besitzen. Mit seiner Sprache lebt man so innig verbunden wie mit einer Mutter. Wie das Kind sich nicht an zwei Mütter anschließt, sondern eine als die seine akzeptiert, so soll auch nur *eine* Muttersprache als Sprachmutter da sein. Sie gibt dem Kind ihre eigene Form, die nur *sie* zu schenken vermag und die eine andere verwischen würde.

Oft tritt die Frage auf, ob mit Kindern, besonders mit sprachlich behinderten, nicht in der Schriftsprache, statt in einem Dialekt gesprochen werden soll. Ich habe erfahren, daß das urtümlich Elementare, das in Dialekten lebt, die unmittelbarsten Kräfte weckt, um den Grammatik-Willen zu impulsieren.

Es kommt nicht auf Kenntnisse auf dem Gebiet der Grammatik an. Diese sollen zunächst nicht ins Bewußtsein gehoben werden. Ganz im Gegenteil! Wollte man das, dann würde man einem Kind in seiner gesunden Seelenentwicklung Schaden zufügen. Die grammatikalischen Regeln und Gesetze müssen noch im Unterbewußtsein bleiben, bis das Schulkind relativ spät, nachdem die Sprache sein sicherer Besitz geworden ist, an seinem eigenen Sprechen die Grammatik entdecken und erkennen darf.

Alfred Baur

Zeitwörter

Es regnet

Die Kinder schrieen wild durcheinander. Es war so ein Mittelding zwischen Begeisterung und Streit unter ihnen ausgebrochen. Schließlich wurde es der Mutter doch zu turbulent, und sie ermahnte sie zum Ruhigsein. Da faßte Waltraut, die wohl die Lauteste war, den Vorsatz:
»Jetzt *seien* wir leiser.«
Es sollte heißen: »Jetzt werden wir leiser sein.« Es fehlte ihr das Wörtchen »werden« um das Zukünftige auszudrücken.

Wie immer, es sind die *kleinen* Wörter, womit die Sätze die rechte Form bekommen.

Ingrid steht als Erde in der Mitte. Die übrigen Kinder imitieren den Regen und singen:

> Es regnet, es regnet,
> die Erde *wird* naß.

Paul bildet über seinem Kopf eine Sonne. Ingrid bittet Paul:

> Du lieber, lieber Sonnenschein,
> ich *möchte* wieder trocken sein.

Paul senkt nun die Arme und trocknet Ingrid vom Kopf bis zu den Füßen.

Was kann alles naß werden? Die Blume, der Baum, die Wiese, der Stein, das Dach, die Straße usw.
Man übt die Verwendung des Wortes »wird«.

Ich bin eine Glocke

Brigitte läuft herum, läutet mit einer Glocke und singt:

> Ich *bin* eine Glocke,
> kling-kling, kling-klang,
> ich tanze und singe
> mein Leben lang.

Alle:	*Hast* du gestern schon geläutet?
Brigitte:	Gestern *habe* ich geläutet.

Alle:	Läutest du heute wieder?
Brigitte:	Heute läute ich wieder.

Alle:	*Wirst* du morgen noch einmal läuten?
Brigitte:	Morgen *werde* ich noch einmal läuten.

Wir üben Vergangenheit, Gegenwart und Zukunft.

Heute bin ich froh

Die Kinder bilden einen Kreis, Paul stellt sich in die Mitte und ruft:

Heute bin ich froh,
darum mach' ich so!

Nun zeigt Paul irgend etwas vor, z. B. das Klatschen, und alle Kinder ahmen dies nach und singen:

Weil ich geklatscht *habe,*
bin ich der Nachtrabe.

Damit gehört Paul zu den Nachtraben und flattert krächzend aus dem Kreis.
Jetzt kommt Brigitte an die Reihe und ruft:

Heute bin ich froh,
darum mach' ich so!

Nun zeigt Brigitte z. B. das Springen.
Die übrigen Kinder machen es nach und singen:

Weil ich gesprungen *bin,*
bin ich die Goldkönigin.

So gehört Brigitte zu den Goldköniginnen.
Wenn alle Kinder drangekommen sind, werden die Goldköniginnen mit einer sichtbaren oder unsichtbaren Krone geschmückt. Die Nachtraben dürfen kreischend um sie herumflattern.

Im Norden und Süden des deutschen Sprachgebietes herrschen verschiedene Auffassungen über die Perfektbildung bei den Verben »sitzen, liegen, stehen«.
Im Norden sagt man: Ich habe gelegen. Ich habe gestanden.
Im Süden heißt es: Ich bin gelegen. Ich bin gestanden.

Kannst du lesen

Martin:	Kannst du lesen?
	Kannst du kehren mit dem Besen?
Ingrid:	Ich kann lesen.
	Ich kann kehren mit dem Besen.
Brigitte:	Sollst du schreiben?
	Sollst du in der Schule bleiben?
Friedrich:	Ich soll schreiben.
	Ich soll in der Schule bleiben.
Sonja:	Willst du laufen?
	Willst du eine Bretzel kaufen?
Paul:	Ich will laufen.
	Ich will eine Bretzel kaufen.
Ingrid:	Magst du singen?
	Magst du eine Blume bringen?
Brigitte:	Ich mag singen.
	Ich mag eine Blume bringen.
Paul:	Mußt zu zählen?
	Mußt du einen Apfel schälen?
Martin:	Ich muß zählen.
	Ich muß einen Apfel schälen.
Friedrich:	Darfst du lachen?
	Darfst du sieben Witze machen?
Sonja:	Ich darf lachen.
	Ich darf sieben Witze machen.

Horch nur, wie die Glocke klingt

Horch nur, wie die Glocke klingt!
Sie hat so hell *geklungen.*

Horch nur, wie die Amsel singt!
Sie hat so schön *gesungen.*

Schau nur, wie das Bächlein fließt!
Es ist so flink *geflossen.*

Schau nur, wie's vom Himmel gießt!
Es hat so arg *gegossen.*

Schau nur, wie der Hund dort sitzt!
Er ist* so still *gesessen.*

Schau nur, wie das Schaf dort frißt!
Es hat so viel *gefressen.*

Sieh nur, wie der Vogel fliegt!
Er ist so hoch *geflogen.*

Sieh nur, wie das Pferdchen zieht!
Es hat so stark *gezogen.*

Sieh nur, wie die Schlange kriecht!
Sie ist so schnell *gekrochen.*

Horch nur, wie das Eis zerbricht!
Es ist so laut *zerbrochen.*

* Für Norddeutschland ist »hat« korrekt.

Seht mich an

Sonja: Seht mich an,
was ich kann,
was ich euch nun zeigen kann.

Sonja springt, klatscht oder zeigt, wie man sich kämmt.

Alle: Was hast du gemacht?
Sonja: Ich bin gesprungen.
Alle: Seht sie an,
was sie kann.
Sie ist gesprungen.

Paul: Seht mich an,
was ich kann,
was ich euch nun zeigen kann.

Paul klatscht in die Hände.

Alle: Was hast du gemacht?
Paul: Ich habe geklatscht.
Alle: Seht ihn an,
was er kann.
Er hat geklatscht.

Knödel haben wir gestern gehabt

Knödel haben wir gestern gehabt,
Knödel haben wir heute.
Knödel werden wir morgen haben,
hei, das ist eine Freude!

Man setzt jedesmal eine andere Speise ein.
Mit diesem Spiel lernen wir die Bildung von Vergangenheit, Gegenwart und Zukunft.

Der schwarze König ist uralt

Der schwarze König ist uralt,
noch älter als ein Eichenwald.
Er *geht* im Lande immerzu
und findet nirgends Rast und Ruh
und ist *gegangen* lange Zeit,
fast eine halbe Ewigkeit.

Die Tätigkeit des Königs ändert sich bei jeder neuen Strophe.
rennt – gerannt

springt – gesprungen
streitet – gestritten
kämpft – gekämpft
reitet – geritten
läuft – gelaufen

Lieber Bruder Flederwisch

	Lieber Bruder Flederwisch, was *liegt* auf dem Küchentisch?
Antwort:	Die Gabel liegt auf dem Küchentisch! Lieber Bruder Flederwisch, was *steht* auf dem Küchentisch?
Antwort:	Die Flasche steht auf dem Küchentisch.

Nun wird alles mögliche genannt, was auf dem Küchentisch liegt oder steht. Jedesmal wiederholen wir die Frage: Lieber Bruder Flederwisch ...

Dann überlegen wir, was auf dem Schreibtisch liegt und steht oder auf dem Eßtisch.

Schwesterlein, was machst du

Brigitte stellt sich vor die übrigen Kinder und wird gefragt:

Schwesterlein, was machst du?
Weinst du oder lachst du?

Brigitte: Ich weine nicht,
ich lache nicht,
ich putze meine Schuhe.

Die letzte Zeile soll das Kind möglichst selber bilden und die Tätigkeit auch vorzeigen. An die Stelle des Schwesterleins kann natürlich auch ein Brüderlein treten.
Was kann vorgezeigt werden?
Schlafen, trinken, essen, schreiben, schimpfen, Brot schneiden, sägen, rasieren, schneuzen, kämmen, stricken, nähen, kehren, winken, klatschen, stampfen, rühren, Wolle wickeln usw.

Der Hund sitzt vor dem Gartentor

Der Hund sitzt vor dem Gartentor
und leckt sich seine Pfoten.
Da kommen zwei Hunde noch dazu
und fragen *ihn:* »Was machst denn du?«
»Ich sitze vor dem Gartentor
und lecke meine Pfoten.«

Der Fuchs sitzt vor dem Gänsestall
und schnuppert nach den Gänsen.
Da kommen zwei Füchse noch dazu
und fragen *ihn:* »Was machst denn du?«
»Ich sitze vor dem Gänsestall
und schnuppere nach den Gänsen.«

Die Kuh steht in ihrem Stall
und freut sich auf das Futter.
Da kommen zwei Kühe noch dazu
und fragen *sie:* »Was machst denn du?«
»Ich stehe in meinem Stall
und freue mich auf das Futter.«

Das Kaninchen sitzt im grünen Gras
und wackelt mit den Ohren.
Da kommen zwei Kaninchen noch dazu
und fragen *es:* »Was machst denn du?«
»Ich sitze im grünen Gras
und wackle mit den Ohren.«

(Nun werden die Strophen im selben Sinne fortgesetzt.)

Die Gans sitzt beim Gänseteich
und putzt sich ihre Federn.

Das Schwein steht in dem Schweinestall
und frißt sein Schweinefutter.

Die Henne sitzt in ihrem Nest
und brütet ihre Eier.

Das Pferd steht auf der Wiese
und frißt das frische Gras.

Du kannst hüpfen

Die Mutter sagt: Du kannst hüpfen.
Brigitte antwortet: Ich kann hüpfen.
Alle: Seht sie an,
sie ist schlau.
Sie wird eine große Frau.

Mutter:Du kannst schwimmen.
Martin:Ich kann schwimmen.
Alle: Seht ihn an,
was er kann.
Er wird bald ein großer Mann.

Kasperl da und Kasperl dort

Eine Kasperlpuppe oder ein Kind muß das alles ausführen, was befohlen wird: »Kasperl lauf! Kasperl hüpf! Kasperl komm!«
Nach einigen Befehlen wird es dem Kasperl zu viel, und er singt:

Kasperl da und Kasperl dort.
Ach, mein guter Kopf ist fort.
Kasperl vorne, Kasperl hinten.
Meinen Kopf kann ich nicht finden.
Kasperl oben, Kasperl unten.
Kopf verloren, Kopf gefunden!

Was kann man vom Kasperl alles verlangen? Wir lernen die Befehlsformen:
Renn, spring, steh, lach, schlaf, wach auf, geh, schreib, rede, sing! (Alle diese Wörter können auch mit der Endung »-e« gesprochen werden.)
Setz dich, steh auf, lauf weg, komm her, versteck dich, bück dich, streck dich, steh auf dem rechten Fuß, sieh dich um!

Zeigt her eure Füße

Die Kinder stehen im Kreis und singen:

Zeigt her eure Füße,
zeigt her eure Schuh
und schauet der fleißigen Mutter zu.

Sonja steht in der Mitte und wird gefragt:

Was macht die Mutter?

Sonja: Sie kocht.

Sonja zeigt vor, wie das die Mutter macht.

Alle: Du kochst, du kochst,
du kochst den ganzen Tag.

Sonja wird noch einmal gefragt:

Was machst du den ganzen Tag?

Sonja: Ich koche.

Die Mutter putzt, wäscht, bügelt, stopft usw.
So können wir die drei Formen des Zeitwortes üben: ich koche, du kochst, sie kocht.

Friedrich, ich bitte dich

Paul und Friedrich spielen einkaufen. Friedrich hat schon unter dem Tisch seinen Laden eingerichtet. Paul setzt den Hut auf und holt bei der Mutter den großen Korb: »Ich gehe für *dir* einkaufen.« Darauf die Mutter: »Du gehst für mich einkaufen. Also bringe *mir* Äpfel, Zucker und Schokolade.« Nun wiederholt sie: »Du gehst für *mich* einkaufen – für *mich*.«

Würde man Paul korrigieren und ihn den Satz richtig nachsprechen lassen, dann müßte man bald mit seinem Unwillen rechnen. Vielleicht sagte er dann: »Laß mir in Ruh'.«

Paul: Friedrich
ich bitte dich,
trage mich,
trage mich!

Paul wird von Friedrich getragen.

Alle: Ja, er hat es gut gemacht,
und er wird nicht ausgelacht.

Paul: Nun kriegst du zum Dank dafür
den allerschönsten Apfel hier.
Bitte!

Friedrich: Danke!

Ich sehe eine Maus

Ich sehe eine Maus,
sie geht zur Tür hinaus.
Sie geht in ein Geschäft,
sie kauft ein rotes Heft,
sie hat hineingeschrieben:
drei und vier ist sieben.
Ich frage *dich*
Freund Friederich:
Was siehst du?
                    Ich antworte *dir*
                    Freund Jaromir:
                    Ich sehe eine Maus,
Ich frage dich
Freund Friederich:
Was macht die Maus?
                    Ich antworte dir
                    Freund Jaromir:
                    Sie geht zur Tür hinaus.
Ich frage dich
Freund Friederich:
Wohin geht sie?
                    Ich antworte dir
                    Freund Jaromir:
                    Sie geht in ein Geschäft.
Ich frage dich
Freund Friederich:
Was tut sie da?
                    Ich antworte dir
                    Freund Jaromir:
                    Sie kauft ein rotes Heft.

Ich frage dich
Freund Friederich:
Was macht sie mit dem Heft?
          Ich antworte dir
          Freund Jaromir
          Sie hat hineingeschrieben.
Ich frage dich
Freund Friederich:
Was schreibt sie da hinein?
          Ich antworte dir
          Freund Jaromir:
          Drei und vier ist sieben.

Ich wasche die Wäsche

Ich wasche die Wäsche im Hexenhaus
Hix – Hax – Hexenhaus.
Ich wasche *sie* im Haus.

Dann kehrt man *die* Stube, putzt *das* Fenster,
heizt *den* Ofen.

Ich gebe der Mutter den Honigtopf
Tipf – Tapf – Honigtopf.
Ich gebe *ihr* den Topf.

Nun können alle noch möglichen Leute den Honigtopf kriegen: der Vater, das Kind oder der Bäcker, der Schuster, die Näherin. Auch Tiere können ihn bekommen: der Bär, die Schwalbe, das Krokodil.

Statt geben kann man auch schenken, reichen oder borgen, leihen. Man kann ihn nehmen, zeigen, bringen und holen.

Der Spatz ist krank

Der Spatz ist krank, der Spatz ist krank,
da sitzt er auf der Ofenbank.
Was wollen wir *ihm* geben?
Wir haben *ihn* so lieb, so lieb.
Ach Spätzchen, bleib am Leben!

Martin sitzt in der Mitte und ist der Spatz, Brigitte darf die »Medizin« hergeben, um ihn wieder gesund zu machen. Die »Medizin« kann als ein Tröpfchen Wasser, eine Nuß oder als bloße Geste gegeben werden.

Die Taube ist krank, die Taube ist krank,
da sitzt sie auf der Ofenbank.
Was wollen wir *ihr* geben?
Wir haben *sie* so lieb, so lieb.
Ach Täubchen, bleib am Leben!

Zunächst wird man für die Taube am besten ein Mädchen einsetzen.

Das Reh ist krank, das Reh ist krank,
da sitzt es auf der Ofenbank.
Was wollen wir *ihm* geben?
Wir haben *es* so lieb, so lieb.
Ach Rehlein, bleib am Leben!

Man wird merken, daß dieses Spiel den Kindern gar nicht so leichtfällt. Es hilft, wenn man anfangs nur Tiere mit männlichem Artikel wählt, dann solche mit weiblichem, zuletzt die mit sächlichem.

Wenn ich ein Esel wäre

Wenn ich ein Esel wäre,
das freute mich so sehr,
dann wäre ich,
dann wäre ich
der Martin nimmermehr.

Ich wäre ein Esel nun.
Was würde ich dann tun?
Dann würde ich,
dann würde ich
was ganz Besondres tun.

Nun sagt und zeigt Martin, was ein Esel macht. Natürlich soll es nicht heißen: »Ich tue Disteln fressen.« Die Antwort heißt: »Ich würde Disteln fressen.«

Wenn du ein Hase wärest
das freute dich so sehr,
dann wärest du,
dann wärest du
der Friedrich nimmermehr.

Du wärst ein Hase nun.
Was würdest du dann tun?
Dann würdest du,
dann würdest du
was ganz Besondres tun.

Wenn wir Pinguine wären,
das freute uns so sehr,
dann wären wir,
dann wären wir
die Kinder nimmermehr.

Wir wären Pinguine nun.
Was würden wir dann tun?
Dann würden wir,
dann würden wir
was ganz Besondres tun.

Hauptwörter

Ein armer Schneider
hatte leider
die Stecknadel verloren.

»Wo steckst du, Stecknadel,
du kecke Verstecknadel?
Steckst du in der Jacke?
Steckst du im Hemd?
Steckst du in der Krawatte?
Steckst du in der Hose?
Steckst du im Nadelkissen?
Au, du bist spitz!
So ein dummer Witz!«

Der arme Schneider
hatte sich leider
zu allerletzt
daraufgesetzt
und hat nun entdeckt,
wo sie steckt!

Der mittlere Teil, in dem die Nadel gesucht wird, kann beliebig verlängert werden. Die Kinder werden Freude haben, immer neue Versteckplätze zu nennen und lernen so die korrekte Form, wo etwas ist: in der ... oder im ... bzw. in dem ...

In einem Land ist eine Stadt

In einem Land ist eine Stadt.
In der Stadt ist ein Garten.
In dem Garten steht ein Haus.
In dem Haus gibt es ein Zimmer.
In dem Zimmer steht ein Kasten.
In dem Kasten liegt ein Buch.
In dem Buch ist eine Geschichte.
Die Geschichte ist so:
In einem Land ist eine Stadt.
In der Stadt usw.

Ein Mann wandert in das Land.
Er kommt in die Stadt.
Er geht in den Garten.
Er betritt das Haus.
Er geht in das Zimmer.
Er öffnet den Kasten.
Er nimmt das Buch.
Er liest die Geschichte:
Ein Mann wandert in das Land.
Er kommt usw.

Ein Mann wandert in das Land.
In dem Land ist eine Stadt.
Er kommt in die Stadt.
In der Stadt ist ein Garten.
Er geht in den Garten.
In dem Garten steht ein Haus.
Er betritt das Haus.
In dem Haus gibt es ein Zimmer.
Er geht in das Zimmer.
In dem Zimmer steht ein Kasten.
Er öffnet den Kasten.
In dem Kasten liegt ein Buch.
Er nimmt das Buch.
In dem Buch ist eine Geschichte.
Die Geschichte ist so:
Ein Mann wandert in das Land.
In dem Land usw.

Hier handelt es sich um zwei Litaneien, die zuletzt in einer vereinigt werden.
Gibt man jedem Kind die Aufgabe, sich nur eine Zeile zu merken, dann wird die Sache – die anfangs recht schwierig erscheinen mag – erstaunlich leicht und heiter.

Ich kam einmal ins Katzenhaus

Ich kam einmal ins Katzenhaus.
Da war kein einziger Mensch zu Haus
nur viele, viele Katzen,
die scharrten mit den Tatzen.

Zwei saßen unter *der* Bank
und sagten:
Schau, schau,
miau!
Wo ist die Frau?
Wo ist der Herr?
Wir sind zwei Katzen, bitte sehr,
und sitzen unter *der* Bank.

Je zwei Katzen können an allen möglichen Plätzen sitzen. Wir lernen dabei den 3. Fall.

Hurra

Hurra! Hurra!
Wir Frösche sind da.
Jetzt wollen wir singen,
wir schwimmen und springen.

Ich springe auf …

Und nun und nun?
Was wollen wir tun,
nach so vielen Witzen?
Ganz still sein und sitzen!

Ich sitze auf …

Wer hat denn den Kasperl, den roten, geschreckt

Wer hat denn den Kasperl,
den roten, geschreckt?
Er hat sich versteckt,
damit ihn der Zauberer
ja nicht entdeckt.
Wer weiß, wo er steckt?

Wohin ist der Kasperl,
der rote, gegangen?
Hat ihn der Teufel,
der schwarze, gefangen?
Man hört ihn schon singen.
Wohin wird er springen?

Hier werden wieder die Fragen »wo« und »wohin« gestellt. Paul hält sich die Augen zu. Der Kasperl wird so versteckt, daß er ihn wohl sehen kann, wenn er aufmerksam herumguckt. Die Antwort muß korrekt gegeben werden: »Er liegt unter der Bank.«
Beim zweiten Teil des Spieles darf das Kind sagen, wohin der Kasperl springen soll: »Er springt auf die Bank.«

Die Schaufel sagt zum Besen

Die Schaufel sagt zum Besen:
Bist du überall gewesen?

Ja, sagt der Besen!

Bist du unter *dem* Tisch gewesen?

Ja, sagt der Besen!

Bist du unter *dem* Kasten gewesen?

Ja, sagt der Besen!

Bist du in *der* Ecke gewesen?

Ja, sagt der Besen!

Bist du unter *dem* Bett gewesen?

Nein, sagt der Besen!

Scharre, scharre, scharre,
gleich gehst du hinunter!

Wir achten auf den 3. Fall: unter *dem* Tisch, in *der* Ecke, unter *dem* Bett.

Es war einmal ein Garten

Es war einmal ein Garten,
und das war ein Wundergarten.

In dem Garten stand ein Haus,
und das war ein Wunderhaus.

In dem Haus war ein Zimmer,
und das war ein Wunderzimmer.

In dem Zimmer stand ein Kasten,
und das war ein Wunderkasten.

In dem Kasten war eine Lade,
und das war eine Wunderlade.

In der Lade war eine Schachtel,
und das war eine Wunderschachtel.

In der Schachtel war eine Puppe,
und das war eine Wunderpuppe,
und die Wunderpuppe war wunderschön.

Wenn der Kuckuck schreit

Wenn der Kuckuck schreit,
ist die schönste Zeit.
Hat der Kuckuck uns betrogen?
Wohin ist er denn geflogen?

Auf *den* Zaun – kuckuck,
auf *die* Linde – kuckuck,
auf *das* Taubenhäuschen.

Ja, wo ist er nun?
Und was wird er tun?
Er wird da und dort uns necken.
Und wo wird er sich verstecken?

Auf *dem* Zaun – kuckuck,
auf *der* Linde – kuckuck,
auf *dem* Taubenhäuschen.

Auf die Frage »wohin?« kommt der 4. Fall; auf *den* Zaun usw.; auf die Frage »wo?« der 3. Fall: auf *dem* Zaun usw.

Brigitte darf der Kuckuck sein. Man macht zuerst drei Plätze für Zaun, Linde und Taubenhäuschen aus, und der Kuckuck fliegt sie alle an. Beim zweiten Teil muß man darauf achten, daß der Vogel schon dort ist, wenn es heißt »Auf dem Zaun«, damit die Kinder kein falsches Bild bekommen.

Millionen Goldameisen

Millionen Goldameisen
sieht man da und dorthin reisen.
Wohin? Wohin? Wohin?
Rechts an *den* Stein und links an *den* Stein.
Wohin? Wohin? Wohin?
Auf *den* Stein und unter *den* Stein.
Wurle, wurle Ameisenhaufen,
alle durcheinander laufen.

Rechts und links, vorne und hinten, auf und unter wird am eigenen Leib gezeigt. Die Ameisen laufen kreuz und quer und achten darauf, nicht aneinander zu stoßen.

Goldameisen Millionen,
weißt du, wo sie alle wohnen?
Wo? Wo? Wo?
Rechts an *dem* Stein und links an *dem* Stein.
Wo? Wo? Wo?
Vor *dem* Stein und hinter *dem* Stein.
Wo? Wo? Wo?
Auf *dem* Stein und unter *dem* Stein.
Ameisenvater, -mutter, -kind
stille beieinander sind.

Die Ameisen knien nieder und krabbeln in die Mitte, wo ihre Köpfe ganz eng beisammen sind.

In der Runde rennen Hunde

Es gab eine Nachbarin, die zwei Hunde besaß, gemütliche Bastarde, richtige Kinderhunde, die sich alles gefallen ließen. Aber aus purer Langeweile verbellten sie furchtbar jeden Passanten, der vorüberging. Die Kinder hatten trotzdem zu den Tieren Zutrauen gefaßt, und die »Hünde« lieferten laufend Stoff zum Reden. Ingrid und Sonja sprachen immer von den »Hünden«. Davon kamen sie nicht los. Die eine ahmte die andere nach.
Da erfand der Vater den Slogan.

In der Runde
rennen Hunde
Hunde rennen
rund herum
Bum.

Damit war das »Hünde«-Leiden behoben.

Regentropfen fallen

Regentropfen fallen
allen Kindern, allen
auf *die* Köpfe
und auch mir
auf *den* Kopf.

Wohin können die Tropfen noch fallen?
Auf Nasen, Hände, Füße, Regenschirme, Hüte, Schuhe, Mäntel usw.

Der Löwe brüllt

Der Löwe brüllt – und alle Löwen brüllen.
Der Hund bellt – und alle Hunde bellen.
Der Vogel singt – und alle Vögel singen.
Die Katze schnurrt ...
Die Blume blüht ...
Der Baum rauscht ...
Der Hase hüpft ...
Der Fuchs schleicht ...
Die Kohle brennt ...
Der Bach plätschert ...
Das Reh springt ...
Die Kuh brüllt ...
Der Fisch schwimmt ...
Der Bär brummt ...
Der Ofen heizt ...
Die Glocke klingt ...
Der Stern funkelt ...
Die Biene summt ...
Der Apfel reift ...
Die Mutter kocht ...
Der Vater arbeitet ...
Die Ameise rennt ...
Die Uhr tickt ...
Der Ball fliegt ...
Der Frosch quakt ...

Erfindet man zu diesem Spiel eine einfache Melodie, so wird ein solcher Singsang das unermüdliche Wiederholen wohltätig erleichtern.

Ich bin ein Löwe

Friedrich und Martin stehen einander gegenüber. Einer von ihnen darf sich in ein Tier »verzaubern«.

Friedrich: Ich bin ein Löwe.
Martin: Ich bin *kein* Löwe,
ich bin Martin.

Dann werden die Rollen vertauscht.

Martin: Ich bin eine Schildkröte.
Friedrich: Ich bin *keine* Schildkröte,
ich bin Friedrich.

Nun kommen zwei andere Kinder dran. Mit diesem Spiel üben wir die richtige Verneinung und vermeiden dadurch die falsche Form: Ich bin nicht ein Löwe.
Zur Erweiterung der Übung kann man noch die Mehrzahl miteinbeziehen.

Friedrich und
Martin: Wir sind Füchse.
Alle anderen Kinder: Wir sind keine Füchse,
wir sind Kinder.

Eigenschaftswörter

Der Paul ist groß

Der Paul ist groß, das merkt man doch.
Der Martin ist viel größer noch.
Am größten ist der Hannes. Seht,
wie prächtig ihm die Krone steht.

Der Martin kann klug, flink und lieb sein. Er kann viele gute Eigenschaften besitzen.

Du bist eine langsame Schnecke

Die Kinder stehen oder sitzen im Kreis, Ingrid in der Mitte. Alle rufen ihr zu:

	Du bist eine langsame Schnecke!
Ingrid:	Nein, ich bin keine langsame Schnecke.
	Ich bin schnell.

Jetzt stellt sich Paul in die Mitte und alle rufen:

	Du bist ein schlimmer Dackel!
Paul:	Nein, ich bin kein schlimmer Dackel.
	Ich bin brav.

Es kann passieren, daß ein Kind analog fortfährt und sagt: »Nein, ich bin keine langsame Schnecke, ich bin eine schnelle Schnecke.« Dann muß man erklären, daß es keine schnellen Schnecken gibt. Eigentlich fügen wir das Tier nur hinzu, um den Charakter des Eigenschaftswortes zu verdeutlichen.

Weitere Beispiele sind: schmutziges Ferkel, ängstlicher Hase, schwerer Elefant, müdes Pferd, fauler Karpfen, schwaches Vöglein, kranker Hund, alter Stockfisch, kalter Eiszapfen, harter Stein, nasser Regentropfen ...

Ein Esel, der war dumm

Ein Esel, der war dumm.
Dazu kam noch ein zweiter,
der sagte: Geh' doch weiter,
ich bin viel dümmer noch als du.
Ein dritter kam dazu,
der meinte dann: Ich bitte,
ich bin in eurer Mitte
der allerdümmste Dritte.

Ein Hund, der war böse.
Dazu kam noch ein zweiter,
der sagte: Geh' doch weiter,
ich bin viel böser noch als du.
Ein dritter kam dazu,
der meinte dann: Ich bitte,
ich bin in eurer Mitte
der allerböseste Dritte.

Es war ein Pfau, der war stolz.
Dazu kam noch ein zweiter,
der sagte: Geh' doch weiter,
ich bin viel stolzer noch als du.
Ein dritter kam dazu,
der meinte dann: Ich bitte,
ich bin in eurer Mitte
der allerstolzeste Dritte.

Es können noch andere Tiere eingesetzt werden:

Ein Wolf, der war hungrig.
Ein Fuchs, der war schlau.
Ein Löwe, der war stark.

Für kleinere Kinder ist dieser lange Text zu schwierig. Deshalb soll ihn der Erwachsene vorsprechen, und die Kinder fügen nur das betreffende Eigenschaftswort hinzu.

In Messina

In Messina lebte der Bauer Marion, der hatte drei Esel. Der erste hieß Bimsti, der zweite hieß Bamsti und der dritte hieß Bumsti. – Bimsti, Bamsti und Bumsti.

Bimsti war *dumm,*
Bamsti war noch *dümmer,*
und Bumsti war *am dümmsten.*

Der Bauer Marion brachte Säcke mit Gemüse auf den Markt. Er führte seine drei Esel an einem Strick hinter sich her. Jeder trug einen Sack.

Der Sack von Bimsti war *schwer,*
der Sack von Bamsti war noch *schwerer,*
und der Sack von Bumsti war *am schwersten.*

Plötzlich blieben alle drei mitten auf der Straßenkreuzung stehen.

Bimsti war *bockig,*
Bamsti war noch *bockiger,*
und Bumsti war *am bockigsten.*

Der Bauer Marion schimpfte, aber sie wollten und wollten nicht weitergehen. Da nahm der Bauer Marion einen Krautkopf aus dem Sack.

Bimsti bekam *viele* Krautblätter,
Bamsti bekam *noch mehr,*
und Bumsti bekam die *meisten.*

Da gingen die drei Esel endlich weiter.

Bimsti war *zufrieden,*
Bamsti war *noch zufriedener,*
und Bumsti war *am zufriedensten.*

Am allerzufriedensten aber war der Bauer Marion, denn er konnte sein ganzes Gemüse auf dem Markt in Messina verkaufen.

Die Geschichte wird vom Erwachsenen erzählt. Das Kind fügt nur die Steigerungen hinzu.

Fürwörter

Habt ihr die Brigitte gern

Habt *ihr* die Brigitte gern?
Ja!
Wenn *sie* zu *euch* kommt?
Dann haben *wir sie* lieb.

Fürchtet *ihr* den schwarzen Mann?
Nein!
Wenn *er* zu *euch* kommt?
Dann laufen *wir* davon.

Die Kinder stehen im Kreis, Brigitte geht außen herum. Bei der Textstelle »Dann haben wir sie lieb« wird sie in den Kreis gelassen. Jetzt steht sie in der Mitte und ist der schwarze Mann. Wenn es heißt »Dann laufen wir davon«, löst sich der Kreis auf, und ein Kind muß von Brigitte gefangen werden.
Es ist hier besonders darauf zu achten, daß Brigitte die beiden Sätze: »Wenn sie zu euch kommt« und »Wenn er zu euch kommt« richtig spricht, weil die Satzform wenn – dann für das Kind ungewohnt ist.

Ein Mann, ein Kind und eine Frau

Ein Mann, ein Kind und eine Frau,
die gehen in die Rosenau.
Halli, hallo,
und alle sind sehr froh.
Da nimmt *er seinen* Hut,
da nimmt er seinen Sonntagshut,
der Hut, der steht *ihm* wundergut.

Ein Mann, ein Kind und eine Frau,
die gehen in die Rosenau.
Halli, hallo,
und alle sind sehr froh.
Da nimmt *sie ihren* Hut,
da nimmt sie ihren Sonntagshut,
der Hut, der steht *ihr* wundergut.

Ein Mann, ein Kind und eine Frau,
die gehen in die Rosenau.
Halli, hallo,
und alle sind sehr froh.
Da nimmt *es seinen* Hut,
da nimmt es seinen Sonntagshut,
der Hut, der steht *ihm* wundergut.

Ein Mann, ein Kind und eine Frau,
die gehen in die Rosenau.
Halli, hallo,
und alle sind sehr froh.

Wir lernen die Formen: Er nimmt *seinen* Hut, der steht *ihm* gut. Sie nimmt *ihren* Hut, der steht *ihr* gut. Es nimmt *seinen* Hut, der steht *ihm* gut.

Mit ein wenig Maskerade läßt sich dieses Spiel ganz reizvoll gestalten, und die Kinder merken den grammatikalischen Ernst nicht, der dahinter steckt.

Liebe Hühner, kommt ihr

Auf einer Seite des Raumes sind die Hühner aufgestellt, auf der anderen die Bäuerin.
Sie ruft die Hühner: Liebe Hühner, kommt *ihr?*
Hühner: Nein, *wir* kommen nicht!
Die Bäuerin läßt ihre Zauberflöte oder Zauberglocke ertönen und ruft wieder: Liebe Hühner, kommt *ihr?*
Hühner: Ja, *wir* kommen schon!
Die Bäuerin fragt weiter: Liebe Hühner, freßt ihr?
Liebe Hühner, gackert ihr?
Liebe Hühner, legt ihr Eier?
Jedesmal folgen die Hühner erst auf die zweite Aufforderung, wenn der Zauberton erklingt.

Dasselbe Spiel mit Enten: Liebe Enten, kommt ihr?
Liebe Enten, schnattert ihr?
Liebe Enten schwimmt ihr?

Dasselbe mit Tauben: Liebe Tauben, kommt ihr?
Liebe Tauben, gurrt ihr?
Liebe Tauben, fliegt ihr?

Wir üben die Mehrzahl des Tätigkeitswortes und die persönlichen Fürwörter »ihr« und »wir«, welche die Kinder seltener verwenden. Es bereitet ihnen großen Spaß, einmal ungehorsam sein zu dürfen und durch den »Zauber« wieder folgsam zu werden.

Wir sind Wellen

Zuerst stellen wir die Wasserwellen dar und singen:

Wir sind Wellen,
Spielgesellen,
tanzen und wiegen
und machen es so.

Wir sind Wellen,
Spielgesellen,
wer aus uns trinkt,
der wird auch so froh.

Verschiedene Tiere kommen zum Bach, um zu trinken.

Die Kuh trinkt. *Sie* trinkt, *sie* trinkt.
Das Schaf trinkt. *Es* trinkt, *es* trinkt.
Der Stier trinkt. *Er* trinkt, *er* trinkt.

Nun wird das Wellenlied wiederholt, und neue Tiere kommen. Wir lernen, wo man »er, sie, es« sagen muß.

Der Kuckuck lacht

Die Kinder stehen im Kreis. Friedrich darf den Kuckuck spielen und sitzt in der Mitte.

Der Kuckuck lacht, der Kuckuck lacht.
Wo lacht *er?* Wo lacht *er?*
Da sitzt er ja, da sitzt er ja.
Was macht er? Was macht er?
Weil *er* zur Hochzeit gehen muß,
drum putzt er sich von Kopf bis Fuß.
Hochzeit hält der Kuckuck heut',
alle Leut' sind voll Freud',
Hochzeit hält der Kuckuck heut'.

Für den Schluß holt Friedrich sich ein Kind zum Hochzeitstanz. Alle anderen Kinder tanzen auch.

Das Wiesel lacht, das Wiesel lacht.
Wo lacht *es?* Wo lacht *es?*
Da sitzt es ja, da sitzt es ja.
Was macht es? Was macht es?
Weil *es* zur Hochzeit gehen muß,
drum putzt *es* sich von Kopf bis Fuß.
Hochzeit hält das Wiesel heut',
alle Leut' sind voll Freud',
Hochzeit hält das Wiesel heut'.

Die Ziege lacht, die Ziege lacht.
Wo lacht *sie?* Wo lacht *sie?*
Da sitzt sie ja, da sitzt sie ja.
Was macht sie? Was macht sie?
Weil *sie* zur Hochzeit gehen muß,
drum putzt *sie* sich von Kopf bis Fuß.
Hochzeit hält die Ziege heut',
alle Leut' sind voll Freud',
Hochzeit hält die Ziege heut'.

Der Igel schläft ein

Der Igel schläft ein.
Er schläft in der Nacht.
Am Morgen erweckt *ihn*
die Sonne und lacht.
Igel erwache!

Die Ente schläft ein.
Sie schläft in der Nacht.
Am Morgen erweckt *sie*
die Sonne und lacht.
Ente erwache!

Das Eichhörnchen schläft ein.
Es schläft in der Nacht.
Am Morgen erweckt *es*
die Sonne und lacht.
Eichhörnchen erwache!

Zur Erweiterung des Wortschatzes:

Farben, Wochentage, Körperteile, Bäume, Tiere und manches andere

Ich bin die Elisabeth

Ich bin die Elisabeth,
angezogen hübsch und nett.
Grün wie Gras, so ist mein Hut.
Meine Lippen rot wie Blut.

Meine Augen, die sind blau
wie der Himmel, himmelblau.
Sonnengelb so ist mein Kleid.
Dreh ich mich, dann fliegt es weit.

Schwarz wie Kohle ist mein Haar,
Maschen habe ich sogar,
die sind veilchenviolett.
Ich bin die Elisabeth.

Nicht allen Kindern gelingt es, die Farben richtig zu bezeichnen.

Die Herkunft der Farbnamen zeigt deutlich, wie gegenständlich sie ursprünglich erlebt wurden.
»Violett« stammt aus dem Französischen und bedeutet »Veilchenfarben«.
Mit »grün« bezeichnete man ursprünglich alles Wachsende. Im Englischen heißt wachsen – to grow. Das Grüne ist eigentlich das Grasfarbene. Im Rot wurde die Farbe des rostenden Eisens, das Rostfarbene auf alles Rote übertragen.

So weisen auch Rosa und Orange auf Dinge hin, für die diese Farben charakteristisch sind.

Die Farbennamen, losgelöst von den charakteristischen Gegenständen, bedeuten bereits eine Abstraktion. Darum helfen wir den Kindern sehr, wenn wir die Farben in urtümlicher Weise wieder mit Gegenständen verbinden.

Grün, ja grün

Grün, ja Grün ist meine liebste Farbe,
grün, ja grün ist alles was ich habe.
Darum lieb' ich, alles was grün ist,
weil mein Schatz ein Jäger ist.

Blau, ja Blau ist meine liebste Farbe …
… weil mein Schatz ein Matrose ist.

Weiß, ja Weiß ist meine liebste Farbe …
… weil mein Schatz ein Bäcker ist.

Schwarz, ja Schwarz ist meine liebste Farbe …
… weil mein Schatz ein Rauchfangkehrer ist.

Der Montag sagt

Der Montag sagt: Jetzt schweiget still,
weil ich euch was erzählen will.

Der Dienstag meint: Ihr lieben Leut',
am dümmsten auf der Welt ist Streit.

Der Mittwoch sagt: Wer flink sich regt,
dem hab ich Glück in die Hand gelegt.

Der Donnerstag, der weise, spricht:
Tut alle Tage eure Pflicht.

Der Freitag guckt ins Spiegelein
und fragt: Wer wird am schönsten sein?

Der Samstag macht die Türe zu:
Sei stille, Kind, und geh' zur Ruh.

Am Sonntag freut sich Herz und Sinn.
Die Sonne ist die Königin.

Guten Morgen, Herr Montag

Guten Morgen, Herr Montag.
Wie geht's denn, Herr Dienstag?
Nicht schlecht, sagt der Mittwoch.
Ich heirat' am Donnerstag
die liebe Frau Freitag.
Gratuliere am Samstag.
Auf Wiedersehn Sonntag.

Glöckchen läute

Glöckchen läute,
Glöckchen sag,
welcher Tag
ist denn heute?

Heute ist Donnerstag!

Jeden Tag wird das Glöckchen befragt, welcher Wochentag gerade ist.

Körpergeographie

Körpergeographie – das ist die erste »Erdkunde«, die das Kind lernen muß. Es soll wissen, wo rechts und links ist und wie die Körperteile heißen.

»Zeig mit der rechten Hand das linke Auge!«
»Zeig mit der linken Hand das rechte Knie!«

Auch Hals, Kinn, Wangen, Schultern, Fersen, die rechte große Zehe usw. sollte das Kind finden. Wenn es sehr schwer fällt, rechts und links zu unterscheiden, dann kann man die rechte Hand kennzeichnen mit einer Kette, einem Band oder dergleichen.

Sobald es gelingt, die Körperteile richtig zu zeigen, darf eines der Kinder den übrigen ansagen, worauf sie deuten sollen. Man wird bemerken, daß es viel schwerer fällt, selber aktiv die Namen zu finden.

In der Badewanne

In der Badewanne
sitzt die kleine Hanne –
und wäscht sich die Nase.

Die kleine Hanne wäscht alles, was zu waschen ist: Ellbogen, Hals und Wangen und vergißt auch nicht die Fersen, Hüften und Ohrläppchen.

Ringel Ringel Rosen

Ringel Ringel Rosen,
schöne Aprikosen,
Veilchen und Vergißmeinnicht,
alle Kinder klatschen in die Hände.

Das Lied ist bekannt. Es wird jeweils nur der Schluß verändert. Alle Kinder – nicken mit dem Kopf, zeigen auf die Knie, stehen auf dem rechten Fuß usw.

Sonja wird gefragt: Was machst du?
Sonja antwortet: Ich klatsche in die Hände.

Wozu sind die Augen da

Wozu sind die Augen da?

Die Augen sind zum Sehen da
in der schönen weiten Welt.

Wozu sind die Füße da?

Die Füße sind zum Gehen da
in der schönen weiten Welt.

Wozu sind die Ohren da?

Die Ohren sind zum Hören da
in der schönen weiten Welt.

Wozu sind die Hände da?

Die Hände sind zum Greifen da
in der schönen weiten Welt.

Wozu ist die Nase da?

Die Nase ist zum Riechen da
in der schönen weiten Welt.

Wozu ist der Mund da?

Der Mund ist zum Sprechen da
in der schönen weiten Welt.

Die Tante Marlis

Ingrid steht in der Mitte und zeigt vor, was Tante Marlis macht. Sie droht mit dem Zeigefinger oder wackelt mit dem Kopf und bläst die Backen auf.
Dazu wird gesungen:

Die Tante Marlis,
die macht immer dies,
die macht immer das.
Und wehe, wer lacht,
wenn die Tante das macht!

Friedrich darf sagen, was Tante Marlis vormacht. Es genügt nicht, wenn er etwa sagt: »Kopfwackeln«, sondern es heißt richtig: »Sie wackelt mit dem Kopf.«

Kinder, wer klingelt da

Kinder, wer klingelt da?
Kommt denn der Opapa
oder Frau Nachbarin?
Wo soll das Spielzeug hin?
Himmel, wie schaut es aus!
Wer kommt ins Haus?

Es wird gespielt, wie die Großmutter zu Besuch kommt.

Der Arzt kommt, der Briefträger, der Elektriker, der Nikolaus oder ein unbekannter Mann.

Die anderen sollen aus den Gesten erraten, wer es ist.

Ich bin der Schmied

Die Kinder stehen wieder im Kreis, Paul in der Mitte. Die Mutter fragt: Paul, was willst du einmal werden?

Paul: Ein Schmied.
Mutter: Was macht ein Schmied?
Daraufhin sagt eines der Kinder: Er schmiedet das Eisen.
Alle: *Du schmiedest* das Eisen.
Paul: *Ich schmiede* das Eisen.
Alle: Du wirst nicht ausgelacht,
weil du gute Arbeit machst.

Es gibt viele Berufswünsche. Meist läßt sich auch die betreffende Tätigkeit in Gesten darstellen.

Ich bin der Tischler. Ich hoble den Tisch.
Ich bin der Schlosser. Ich feile den Schlüssel.
Ich bin der Fahrer. Ich lenke das Auto.
Ich bin der Bauer. Ich pflüge das Feld.
Ich bin die Schneiderin. Ich nähe die Kleider.
Ich bin die Köchin. Ich brate den Fisch.
Ich bin die Krankenschwester. Ich pflege die Kranken.

Zugepackt, frisch bewegt

Jedes Kind darf sich aussuchen, welcher Baum es sein will. Mindestens zwei Kinder sind Holzhacker.

Paul und Martin gehen im Kreis und rufen:

Zugepackt,
frisch bewegt!
Holz gehackt,
Holz gesägt!

Dann bleiben sie vor einem Baum stehen und fragen:

Was bist du für ein Baum?

Sonja: Ich bin eine Eiche.

Paul und Martin: Eichenholz,
sei nicht stolz,
falle um!
Bumm!

Der Baum fällt um, und die Holzfäller gehen weiter zum nächsten. Am Schluß werden die Baumstämme »aufgeräumt«: Jedes Kind liegt steif auf dem Boden und wird weggerollt.

Liebes, gutes Kind

Liebes, gutes Kind,
weißt du, wer wir sind?
Nein!
Wir sind Kamele.
Wo seid ihr zu Haus?
In der Wüste,
dort sind wir zu Haus,
dort kennen wir uns aus.

Die Krokodile sind im Wasser zu Haus, die Tiger im Urwald, die Zebras in der Steppe, die Gemsen im Gebirge, die Eichhörnchen auf dem Baum, die Rehe im Wald, die Maulwürfe unter der Erde, die Schlangen im Gebüsch, die Käfer im Gras, die Schweine im Stall.

Es stürmt weit und breit

Die Kinder sitzen auf dem Boden. Jedes hat seinen Platz mit einem Bauklötzchen markiert. Jedes bekommt einen Fischnamen: Walfisch, Haifisch, Tintenfisch, Scholle, Hering, Lachs, Schwertfisch, Thunfisch, Wels, Sardelle. Zur Not kann man auch Süßwasserfische nehmen: Forelle, Karpfen, Hecht, Barsch.
Der Wassermann geht rundum. Einmal innen, beim nächsten Fisch außen und ruft:

Es stürmt weit und breit.
Der Wassermann schreit
durchs sturmwilde Meer:
Haifisch komm' her!

Der Haifisch zieht nun dem Wassermann nach. – So sammelt er alle Fische ein, bis das Meer wieder ruhig wird.

Still ringsumher.
Ruhig das Meer.
Sucht euren Hafen,
geht wieder schlafen!

Jeder Fisch sucht wieder seinen Platz. Der Wassermann setzt sich auf den allernächsten.
Wer seinen Platz besetzt findet, ist nun der Wassermann.

Zauberer vom blauen Stein

Die Kinder stehen im Kreis um Martin, der mit einem bunten Tuch verkleidet den Zauberer darstellt.

Alle: Zauberer vom blauen Stein,
einmal groß und einmal klein,
einmal Riese, einmal Zwerg,
Zauberer vom blauen Berg.

Zauberer: Hokuspokus Mondenschein,
ihr sollt alle Tiere sein!

Nun fragt er reihum: Was bist denn du?
Paul: Ich bin der Hirsch.

Jedes Kind wählt sich ein anderes Tier aus.

Zuletzt tanzen alle um den Zauberer und singen:
Silbermond und Schimmerstern,
alle Tiere tanzen gern.

Schließlich streckt der Zauberer seinen Arm aus und ruft:
Hokuspokus Sonnenschein,
ihr sollt wieder Kinder sein!

Der Vogelhändler

Paul ist Vogelhändler geworden und hat seine Vögel in einer Reihe aufgestellt. Ingrid ist eine Schwalbe, Sonja eine Lerche, Brigitte eine Meise und Martin ein Fink. Friedrich spielt einen Bauern.

Bauer:	Klopf, klopf!
Vogelhändler:	Wer ist draußen?
Bauer:	Ein Bauer!
Händler:	Was willst du denn?
Bauer:	Ich will einen schönen Vogel kaufen.
Händler:	Was für einen?
Bauer:	Ich möchte einen Papagei.
Händler:	Den habe ich nicht.
Bauer:	Ich möchte eine Lerche.
Händler:	Die kannst du haben.

Während die beiden mit dem Bezahlen beschäftigt sind, singen die übrigen Vögel:

Vogel flieg aus,
flieg nur ums Haus,
flieg nur ein Stück,
komm bald zurück!

Jetzt versucht der Bauer, seinen Vogel einzufangen.

Das Wasser brennt

Martin steht in der Mitte und sagt etwas Verkehrtes:

Das Wasser brennt.

Die anderen rufen:

Ach nein, ach nein,
das kann nicht sein.
Wer so was sagt, hat weit gefehlt,
hat alles auf den Kopf gestellt,
das ist ein ganz verkehrter Wicht.
Ätsch, ätsch, das Wasser brennt doch nicht!

Darauf macht Martin einen Purzelbaum und sagt:

Das Feuer brennt.

Die Mutter fragt: Und was macht das Wasser?
Brigitte ruft: Das Wasser rinnt.
Sonja ruft: Das Wasser rauscht.
Friedrich: Das Wasser löscht den Durst.

Es gibt unzählige Möglichkeiten, einen Unsinn zu sagen: der Elefant fliegt, die Maus brüllt, das Eis glüht, die Schnecke rennt, der Vogel bellt, die Katze zwitschert, der Hund kräht ...

Durch dieses Spiel lernt das Kind, die Tätigkeitswörter richtig zu gebrauchen und die primitive Ausdrucksform zu vermeiden: »das Wasser tut rinnen; der Hund tut bellen«. Es erweitert seinen Wortschatz und erfährt, welche Begriffe zusammengehören.

Ein Esel geht um

Friedrich wandert als Esel mit verbundenen Augen im Kreis herum. Paul ist sein Treiber und führt ihn am Halfter. Jedes der übrigen Kinder hat einen Gegenstand ausgesucht (einen Ball, eine Bürste, einen Pinsel, ein Spieltierchen, eine Muschel ...).
Durch Betasten versucht der Esel, die Dinge zu erraten. Hat er sich geirrt, kommt der Gegenstand in den Sack, den er schleppen muß.
Dazu wird gesungen:

Ein Esel geht um,
ist blind und ist dumm,
muß jedes Ding tasten.
Wann darf er denn rasten?

Wie lang muß er rennen?
Er kann's nicht benennen.
Er rennt tausend Tage,
das ist eine Plage!

Hinten ist's finster

Hinten ist's finster,
und vorne ist's hell.
Was klingt in Kremsmünster?
Hör zu und sag's schnell!

Man bringt verschiedene Dinge zum Klingen und erzeugt Geräusche mit Gegenständen.
Sonja muß »einschauen« und sagen, was sie hört:
»Ich höre die Glocke klingen.«
»Ich höre die Schlüssel rasseln.«

Da drunten die Erde

Da drunten die Erde
mit ihrem Gewicht;
da oben der Himmel
mit seinem Licht.

Da vorne der Weg,
den ich wandern will;
da hinten die Sterne,
die leuchten still.

Da rechts lebt die Kraft,
die Hoffnung, der Mut;
da links lebt der Friede,
der macht alles gut.

Da drinnen im Herzen
tief innerlich,
inmitten von allem,
da lebe ich.

Die Erde stützt mich

Die Erde stützt mich.	… Geste nach unten
Der Himmel schützt mich.	… Geste nach oben
Die Liebe webt	
den Lebensfaden.	… Geste nach links
Die Kraft belebt	
zu Heldentaten.	… Geste nach rechts
Und lieben will ich	
der Sonne Schein	… Geste nach links
Doch mitten drinnen	
steh ich allein.	… Arme über der Brust kreuzen

Drunten die Erde

Drunten die Erde,
droben der Himmel,
mitten drin bin ich.

Vorne das Lichte,
hinten das Dunkel,
mitten drin bin ich.

Rechts die Tat,
links das Dulden,
mitten drin bin ich.

Ich habe Hunger

Ein Kind:	Ich habe Hunger. Ich bitte dich, Mutter, gib mir Brot.
Mutter:	Warte, ich muß erst Brot kaufen. Ich bitte dich, Bäcker, gib mir Brot.
Bäcker:	Warte, ich muß erst Mehl kaufen. Ich bitte dich, Müller, gib mir Mehl.
Müller:	Warte, ich muß erst Weizen kaufen. Ich bitte dich, Bauer, gib mir Weizen.
Bauer:	Warte, ich muß erst den Weizen ernten. Ich bitte dich, Acker, gib mir den Weizen.
Acker:	Warte, der Weizen muß erst wachsen. Ich bitte dich, lieber Gott, laß ihn wachsen.
Alle:	Da schickt der liebe Gott Regen und Sonnenschein. Der Weizen kann wachsen. Der Bauer kann ernten. Der Müller kann mahlen. Der Bäcker kann backen. Die Mutter kann Brot kaufen. Das Kind kann essen.
Das Kind:	Danke, liebe Mutter!
Mutter:	Danke, lieber Bäcker!
Bäcker:	Danke, lieber Müller!
Müller:	Danke, lieber Bauer!
Bauer:	Danke, lieber Acker!
Alle:	Danke, lieber Gott!

Ich bin überall drin

Alle singen im Kreis, Ingrid steht in der Mitte.

> Ich bin
> überall drin,
> kann alles sein,
> groß oder klein,
> ich kann auf Erden
> jedes Ding werden.

Darauf sagt Ingrid:

> Ich bin die Glocke, ich läute im Turm.

Dann rufen alle:

> Du bist die Glocke, du läutest im Turm.

Die übrigen Kinder kommen an die Reihe und sagen z. B.:

> Ich bin der Apfel, ich falle vom Baum.
> Ich bin der Vogel, ich fliege in der Luft.
> Ich bin der Fisch, ich schwimme im Wasser.
> Ich bin der Schmetterling, ich flattere zur Blüte.
> Ich bin die Schnecke, ich krieche auf der Erde.
> Ich bin der Hahn, ich krähe auf dem Mist.
> Ich bin die Blume, ich blühe auf der Wiese.
> Ich bin das Feuer, ich brenne im Ofen.
> Ich bin die Sonne, ich strahle bei Tag.
> Ich bin der Mond, ich scheine in der Nacht.

Als Handwerker kann man natürlich mehrere Tätigkeiten ausüben:

Ich bin der Tischler,	ich hoble den Tisch.
	ich leime den Sessel.
	ich säge das Brett.
Ich bin der Bauer,	ich melke die Kuh.
	ich mähe das Gras.
	ich säe den Hafer.

Reimwörter

Ich weiß, daß Glas zerbricht

Ich weiß, daß Glas zerbricht!
Mehr weiß ich nicht.
Du weißt noch mehr,
komm einmal her.

Du weißt, daß Fahnen flattern,
du weißt, daß Enten schn.....,
du weißt, daß Katzen schnurren,
du weißt, daß Hunde kn......,
du weißt, daß Vögel singen,
du weißt, daß Böcklein spr.....,
du weißt, daß Hahn und Hennen,
laut gackern, wenn sie re.....,
du weißt, daß nachts die Sterne,
erglänzen in der F....,
du weißt, im Sterngeflimmer
da scheint der Mond nicht i.....

Der Erwachsene spricht das Reimwort nicht aus. Es sollen die Kinder versuchen, das passende zu finden.

Alle Affen

Alle Affen,
die da gaffen,
machen m-da-da.

Alle Hasen,
die da grasen,
machen m-da-da.

Alle Pfauen,
die da schauen
machen m-da-da.

Alle Wanzen,
die da tanzen,
machen m-da-da.

Alle Kröten,
die da flöten,
machen m-da-da.

Alle Finken,
die da trinken,
machen m-da-da.

Alle Eulen,
die da heulen,
machen m-da-da.

Alle Hennen,
die da rennen,
machen m-da-da.

Alle Katzen,
die da kratzen,
machen m-da-da.

Alle Spatzen,
die da schwatzen,
machen m-da-da.

Gehen wir schlafen

Gehen wir schlafen,
sagen die *Affen.*
Noch zu früh,
meinen die *Küh'.*
Gehen wir tanzen,
sagen die *Wanzen.*
Nicht zu schnell,
sagt das *Kamel.*
Nur modern,
wünschen die *Bär'n.*

Wer spielt auf
zu dem Tanz?
sagt darauf
eine *Gans.*
Wir, so heulen
hundert *Eulen.*
Um Himmelswillen,
zirpen die *Grillen.*

Leise, leise,
flötet die *Meise.*
Wird schon recht,
sagt der *Specht.*
Nur zum Jux,
sagt der *Fuchs,*
Sollen *Kröten*
uns was flöten
oder *Katzen*
Geige kratzen.

Ganz verkehrt,
spricht das *Pferd,*
besser blasen
doch die *Hasen.*
Einen Dreck,
schimpft der *Schneck.*
Sagt man das,
piepst der *Has.*
Geht nach Haus,
pfeift die *Maus.*

Kleine Geschichten

Die Quietschlinde

In unserer Haustüre wohnt die Quietschlinde. Sie sagt zu allen Leuten, die zur Haustüre hereinkommen: »Guten Tag, guten Tag.« Das heißt in der Quietschsprache: »Quietsch, quietsch.« Die Quietschsprache wird in ganz Quietschland gesprochen. Unsere Haustüre ist also eine Quietschländerin. So begrüßt sie jeden freundlich mit »Quietsch-quietsch.«
Gestern besuchte uns der Wind. Der machte die Türe auf und zu, auf und zu, ging ein wenig hinein und heraus, hinein und heraus, immerfort. Jedesmal sagte Quietschlinde: »Guten Tag, Herr Wind«, natürlich auf quietschländisch »quietsch-quietsch-quietsch.«
Heute ist der Hausmeister mit Öl gekommen und hat die Türe geschmiert. Nun sagt Quietschlinde ganz leise, so leise, daß man es gar nicht hören kann: »Guten Morgen – quietsch-quietsch.«

Wie viele waren das im ganzen?

Es war einmal ein kleines Mädchen
und noch ein kleines Mädchen
und noch ein kleines Mädchen.
Wie viele kleine Mädchen waren das im ganzen?
Im ganzen drei!
Nein, denn da war noch eins,
das allerkleinste Mädchen.
Im ganzen also – vier.

Jedes kleine Mädchen hatte eine Katze
und noch eine Katze
und noch eine Katze.
Wie viele Katzen waren das im ganzen?
Im ganzen zwölf!
Nein, das allerkleinste Mädchen
hatte nur eine Katze
Im ganzen also – zehn.

Jede Katze fing eine Maus
und noch eine Maus
und noch eine Maus.
Wie viele Mäuse waren das im ganzen?
Im ganzen dreißig!
Nein, denn die Katze des kleinsten Mädchens
fing nur eine.
Im ganzen also – achtundzwanzig.

Vier Mädchen
zehn Katzen
achtundzwanzig Mäuse,
wie viele waren das im ganzen?
Im ganzen zweiundvierzig!
Nein, die achtundzwanzig Mäuse
sind ja schon alle gefressen.
Im ganzen also – vierzehn.

Eine Katze fing eine Maus

Eine Katze fing eine Maus.
»Du wirst gefressen«, sagte die Katze.
»Laß mich los. Ich erzähle dir eine Geschichte.«
»Mhm, laß hören«, sagte die Katze.
»Gestern nahm ich den Besen und kehrte die Stube.«
»Mhm, da war sie nicht mehr so schmutzig«, sagte die Katze.
»Da fand ich in der Ecke einen silbernen Hunderter.«
»Mhm, da warst du nicht mehr so arm«, sagte die Katze.
»Ich nahm den silbernen Hunderter und ging zum Fischhändler.«
»Mhm, da hast du dir einen Fisch gekauft«, sagte die Katze.
»Der Fischhändler wohnt in der Flußgasse.«
»Mhm, da wohnen auch viele Katzen«, sagte die Katze.
»Als ich heimging, begegnete mir eine Katze.«
»Mhm, das war gefährlich«, sagte die Katze.
»Die Katze überfiel mich und sagte: Du wirst gefressen.«
»Mhm, das hast du dir nicht gefallen lassen«, sagte die Katze.
»Ich sagte: Das geht nicht, ich gehöre schon einer anderen Katze.«
»Mhm, das hast du richtig gesagt«, sagte die Katze.
»Husch, bin ich davongelaufen.«
»Mhm, jetzt ist sie davongelaufen«, sagte die Katze und die Maus war nimmer zu sehen.

Litaneien

Es lassen sich Litaneien rasch erlernen, wenn man jedem Kind nur ein kurzes Stück zuteilt, das es sich merken soll.

Nehmen wir z. B. das Spiel: Am ersten Christtag schenkt mir mein Onkel aus Amerika ... Hat man zwölf Spieler, dann soll jeder eine einzige Zeile behalten. Der erste: »Einen gelben Kanari im Käfig.« Der zweite: »Zwei Turteltäubchen.«

Alle übrigen dürfen recht laut einsagen. Es lernen auf diese Weise alle den Text rasch auswendig, und erstaunlicherweise gelingen die Zeilen der anderen schneller als die eigenen.

Am ersten Christtag

Am ersten Christtag schenkt mir
mein Onkel aus Amerika
einen gelben Kanari im Käfig.

Am zweiten Christtag schenkt mir
mein Onkel aus Amerika
zwei Turteltäubchen und
einen gelben Kanari im Käfig.

Am dritten Christtag schenkt mir
mein Onkel aus Amerika
drei krähende Gockel,
zwei Turteltäubchen und
einen gelben Kanari im Käfig.

Am vierten Christtag schenkt mir
mein Onkel aus Amerika
vier gackernde Hühner,
drei krähende Gockel,
zwei Turteltäubchen und
einen gelben Kanari im Käfig.

Am fünften Christtag schenkt mir
mein Onkel aus Amerika
fünf bunte Papageien,
vier gackernde Hühner,
drei krähende Gockel,
zwei Turteltäubchen und
einen gelben Kanari im Käfig.

Am sechsten Christtag schenkt mir
mein Onkel aus Amerika
sechs goldene Kuckuckseier
etc.

Am siebten Christtag schenkt mir
mein Onkel aus Amerika
sieben schneeweiße schwimmende Schwäne
etc.

Am achten Christtag schenkt mir
mein Onkel aus Amerika
acht kleine Glückskatzen
etc.

Am neunten Christtag schenkt mir
mein Onkel aus Amerika
neun junge Jagdhunde
etc.

Am zehnten Christtag schenkt mir
mein Onkel aus Amerika
zehn fiedelnde Geiger
etc.

Am elften Christtag schenkt mir
mein Onkel aus Amerika
elf blasende Trompeter
etc.

Am zwölften Christtag schenkt mir
mein Onkel aus Amerika
zwölf tanzende Mädchen,
elf blasende Trompeter,
zehn fiedelnde Geiger,
neun junge Jagdhunde,
acht kleine Glückskatzen,
sieben schneeweiße schwimmende Schwäne,
sechs goldene Kuckuckseier,
fünf bunte Papageien,
vier gackernde Hühner,
drei krähende Gockel,
zwei Turteltäubchen und
einen gelben Kanari im Käfig.

Sein Name ist Fritz Mager

Ein kleiner Mann
lebt auf dem Mond –
sein Name ist Fritz Mager.

Lebt auf dem Mond,
und wer dort wohnt –
sein Name ist Fritz Mager.

Und wer dort wohnt,
der hat nicht viel –
sein Name ist Fritz Mager.

Der hat nicht viel,
was er auch will –
sein Name ist Fritz Mager.

Was er auch will,
nur dürre Not –
sein Name ist Fritz Mager.

Nur dürre Not,
kein Butterbrot –
sein Name ist Fritz Mager.

Kein Butterbrot,
nicht Fleisch und Fisch –
sein Name ist Fritz Mager.

Nicht Fleisch und Fisch
auf seinem Tisch –
sein Name ist Fritz Mager.

Ein kleiner Mann
lebt auf dem Mond
und wer dort wohnt,
der hat nicht viel,
was er auch will,
nur dürre Not,
kein Butterbrot,
nicht Fleisch und Fisch
auf seinem Tisch –
sein Name ist Fritz Mager.

Zwei Frauen gehen nach Pernau
(Nach einem alten Text)

Ich wünsche guten Morgen!
Ich wünsche auch guten Morgen.

Wohin geht die Frau?
Ich gehe nach Pernau!

Ich gehe auch nach Pernau!

Beide Frauen sprechen und zeigen:

Ich gehe nach Pernau,
du gehst nach Pernau.
Wir gehen miteinander!

Während die beiden wandern, singen sie:

Eine Frau
und noch eine andere Frau
gehen nach Pernau,
gehen nach Pernau.

Wie heißt dein Mann?
Mein Mann heißt Florian!
Mein Mann heißt auch Florian!

Beide:

Mein Mann heißt Florian,
dein Mann heißt Florian,
ich gehe nach Pernau,
du gehst nach Pernau.
Wir gehen miteinander!

Sie singen und wandern:

Eine Frau
und noch eine andere Frau
gehen nach Pernau,
gehen nach Pernau.

Wie heißt dein Kind?
Mein Kind heißt Sieglind.
Mein Kind heißt auch Sieglind.

Beide:

Mein Kind heißt Sieglind,
dein Kind heißt Sieglind,
mein Mann heißt Florian,
dein Mann heißt Florian,
ich gehe nach Pernau,
du gehst nach Pernau.
Wir gehen miteinander.

Sie singen und wandern:

Eine Frau
und noch eine andere Frau

gehen nach Pernau,
gehen nach Pernau.

Wie heißt dein Hund?
Mein Hund heißt Kunterbunt!
Mein Hund heißt auch Kunterbunt!

Beide:

Mein Hund heißt Kunterbunt,
dein Hund heißt Kunterbunt,
mein Kind heißt Sieglind,
dein Kind heißt Sieglind,
mein Mann heißt Florian,
dein Mann heißt Florian,
ich gehe nach Pernau,
du gehst nach Pernau.
Wir gehen miteinander.

Sie singen und wandern:

Eine Frau
und noch eine andere Frau
gehen nach Pernau,
gehen nach Pernau.

Wie heißt deine Katze?
Meine Katze heißt Kritzekratze!
Meine Katze heißt auch Kritzekratze!

Beide:

Meine Katze heißt Kritzekratze,
deine Katze heißt Kritzekratze,
mein Hund heißt Kunterbunt,
dein Hund heißt Kunterbunt,
mein Kind heißt Sieglind,

dein Kind heißt Sieglind,
mein Mann heißt Florian,
dein Mann heißt Florian,
ich gehe nach Pernau,
du gehst nach Pernau.
Wir gehen miteinander.
Sie singen und wandern:

Eine Frau
und noch eine andere Frau
gehen nach Pernau,
gehen nach Pernau.
Wie heißt dein Haus?
Mein Haus heißt Kommheraus!
Mein Haus heißt auch Kommheraus!
Beide:
Mein Haus heißt Kommheraus,
dein Haus heißt Kommheraus,
meine Katze heißt Kritzekratze,
deine Katze heißt Kritzekratze,
mein Hund heißt Kunterbunt,
dein Hund heißt Kunterbunt,
mein Kind heißt Sieglind,
dein Kind heißt Sieglind,
mein Mann heißt Florian,
dein Mann heißt Florian,
ich gehe nach Pernau,
du gehst nach Pernau.
Wir gehen miteinander.

Eine Frau
und noch eine andere Frau
sind schon in Pernau,
sind schon in Pernau.

Ich will mit der Katze nach Katzdorf gehn

Ich habe eine Katze, meine Katze ist schön,
ich will mit der Katze nach Katzdorf gehn.
Die Katze macht: Miau, miau!

Ich habe eine Henne, meine Henne ist schön,
ich will mit der Henne nach Henndorf gehn.
Die Henne macht: Gagaga – gelegt!
Die Katze macht: Miau, miau!

Ich habe einen Hahn, mein Hahn ist schön,
ich will mit dem Hahn nach Hahnendorf gehn.
Der Hahn macht: Kikeriki!
Die Henne macht: Gagaga – gelegt!
Die Katze macht: Miau, miau!

Ich habe eine Gans, meine Gans ist schön,
ich will mit der Gans nach Gänsedorf gehn.
Die Gans macht: Quitsch-quatsch!
Der Hahn macht: Kikeriki!
Die Henne macht: Gagaga – gelegt!
Die Katze macht: Miau, miau!

Ich habe eine Ente, meine Ente ist schön,
ich will mit der Ente nach Entendorf gehn.
Die Ente macht: Quack-quack!
Die Gans macht: Quitsch-quatsch!
Der Hahn macht: Kikeriki!
Die Henne macht: Gagaga – gelegt!
Die Katze macht: Miau, miau!

Ich habe ein Schaf, mein Schaf ist schön,
ich will mit dem Schaf nach Schafsdorf gehn.
Das Schaf macht: Bäh-bäh!
Die Ente macht: Quack-quack!
Die Gans macht: Quitsch-quatsch!
Der Hahn macht: Kikeriki!
Die Henne macht: Gagaga – gelegt!
Die Katze macht: Miau, miau!

Fröschlein sag', was frißt denn du

Alle: Fröschlein sag', was frißt denn du?
Fliegen fresse ich immerzu!
Will was Besseres kriegen,
mag nicht immer Fliegen.
Frosch: Kuh, liebe Kuh, was frißt denn du?

Kuh: Gras fresse ich immerzu,
es ist herrlich, und ich sage,
Gras, das mag ich alle Tage.
Frosch: Pfui, nein Gras, das mag ich nicht!
Kuh: Fröschlein sag', was frißt denn du?
Fliegen fresse ich immerzu.
Will was Besseres kriegen,
mag nicht immer Fliegen.
Alle: Fröschlein, kleiner Wasserhupf,
bist ein dummer, dummer Dupf.
Frosch: Katze, liebe Katze, was frißt denn du?
Katze: Mäuse fresse ich immerzu,
sie sind herrlich, und ich sage,
Mäuse mag ich alle Tage.
Frosch: Pfui, nein! Mäuse mag ich nicht!
Katze: Fröschlein, sag', was frißt denn du?
Frosch: Fliegen fresse ich immerzu.
Will was Besseres kriegen,
mag nicht immer Fliegen!
Alle: Fröschlein, kleiner Wasserhupf,
bist ein dummer, dummer Dupf.

(Der Frosch erkundigt sich bei allen möglichen Tieren, was sie fressen. Das Pferd frißt Hafer, die Maus Speck, das Eichkätzchen Nüsse. Zuletzt kommt er zum Storch.)

Frosch: Storch, lieber Storch, was frißt denn du?
Storch: Frösche fresse ich immerzu!
Sie sind herrlich, und ich sage,
Frösche mag ich alle Tage!
(Der Storch schnappt den Frosch, und der zappelt.)
Alle: Fröschlein, kleiner Wasserhupf,
bist ein dummer, dummer Dupf!

Pif-Paf-Poltrian und die liebe Rosenrot

Guten Morgen, Vater Valentin!
Guten Morgen, Pif-Paf-Poltrian!
Könnte ich deine Tochter heiraten,
deine Tochter Rosenrot?

Lieber Pif-Paf-Poltrian,
du bist mir der rechte Mann,
frage noch Barbara, die Mutter,
die rührt in der Küche Butter.

Hat *sie* nichts dagegen,
dann sage *ich* meinetwegen.

Guten Morgen, Mutter Barbara!
Guten Morgen, Pif-Paf-Poltrian.
Könnte ich deine Tochter heiraten,
deine Tochter Rosenrot?

Ich war beim Vater Valentin,
der sitzt dort in der Stube drin.
Hast *du* nichts dagegen,
dann sagt *er* meinetwegen.

Lieber Pif-Paf-Poltrian,
du bist mir der rechte Mann.
Frage noch Bruder Hohenstolz,
draußen im Walde hackt er Holz.

Hat *er* nichts dagegen,
sage *ich* meinetwegen.

Guten Morgen, Bruder Hohenstolz.
Guten Morgen, Pif-Paf-Poltrian.
Könnte ich deine Schwester heiraten,
deine Schwester Rosenrot?

Ich war beim Vater Valentin,
der sitzt dort in der Stube drin,
und bei Barbara, der Mutter,
die rührt in der Küche Butter.
Hast *du* nichts dagegen,
sagen *sie* meinetwegen.

Lieber Pif-Paf-Poltrian,
du bist mir der rechte Mann.
Frage noch Schwester Käsetraut,
die ist im Garten und schneidet Kraut.

Hat *sie* nichts dagegen,
sage *ich* meinetwegen.

Guten Morgen, Schwester Käsetraut.
Guten Morgen, Pif-Paf-Poltrian.
Könnte ich deine Schwester heiraten,
deine Schwester Rosenrot?

Ich war beim Vater Valentin,
der sitzt dort in der Stube drin,
und bei Barbara, der Mutter,
die rührt in der Küche Butter,
und bei Bruder Hohenstolz,
draußen im Walde hackt er Holz.
Hast *du* nichts dagegen,
sagen *sie* meinetwegen.

Lieber Pif-Paf-Poltrian,
du bist mir der rechte Mann.
Frage selber Schwester Rosenrot,
sie knetet Teig und backt das Brot.

Hat *sie* nichts dagegen,
sage *ich* meinetwegen.

Guten Morgen, liebe Rosenrot!
Guten Morgen, lieber Pif-Paf-Poltrian.
Könnt ich dich heiraten,
liebe Rosenrot?

Ich war beim Vater Valentin,
der sitzt in der Stube drin,
und bei Barbara, der Mutter,
die rührt in der Küche Butter,
und bei Bruder Hohenstolz,
draußen im Walde hackt er Holz,
und bei Schwester Käsetraut,
die ist im Garten und schneidet Kraut.
Hast *du* nichts dagegen,
sagen *sie* meinetwegen.

Lieber Pif-Paf-Poltrian,
du bist mir der rechte Mann.
Ich habe nichts dagegen.
Ich sage meinetwegen.

Da backt die liebe Rosenrot
für Poltrian das Hochzeitsbrot.
Rosenrot und Poltrian
werden morgen Frau und Mann.

Katze, du hast meinen Schwanz abgebissen

Maus: Katze, du hast meinen Schwanz abgebissen. –
Bitte, gib mir meinen Schwanz zurück!

Alle tanzen: Wie machst du ein Tänzchen
ohne dein Schwänzchen?
Das wär' eine Schande
in unserem Lande.

Maus: Bitte, Katze, gib mir meinen Schwanz zurück!

Katze: Nein, ich will nicht. – Ich gebe dir deinen Schwanz erst zurück, wenn du zur Kuh gehst und mir Milch holst.

Maus: Ja, ich bringe dir Milch.

Alle: Sie geht, sie läuft, sie rennt, sie klagt,
sie hebt die Hände und sie sagt:

Maus: Bitte Kuh, gib mir Milch.
Die Milch bringe ich der Katze.
Die Katze gibt mir meinen Schwanz zurück.

Alle tanzen: Wie machst du ein Tänzchen
ohne dein Schwänzchen?
Das wär' eine Schande
in unserem Lande.

Maus: Bitte Kuh, gib mir Milch!

Kuh: Nein, ich will nicht. – Geh' erst zum Bauern und hole mir Gras.

Maus: Ja, ich bringe dir Gras.

Alle: Sie geht, sie läuft, sie rennt, sie klagt,
sie hebt die Hände und sie sagt:

Maus: Bitte, Bauer gib mir Gras.
Das Gras bringe ich der Kuh.
Die Kuh gibt mir Milch.
Die Milch bringe ich der Katze.
Die Katze gibt mir meinen Schwanz zurück.

Alle tanzen: Wie machst du ein Tänzchen
ohne dein Schwänzchen?
Das wär' eine Schande
in unserem Lande.

Maus: Bitte Bauer, gib mir Gras!

Bauer: Nein, ich will nicht. – Geh' erst zum Bäcker und bringe mir Brot.

Maus: Ja, ich bringe dir Brot.

Alle: Sie geht, sie läuft, sie rennt, sie klagt,
sie hebt die Hände und sie sagt:

Maus: Bitte, Bäcker, gib mir Brot.
Das Brot bringe ich dem Bauern.
Der Bauer gibt mir Gras.
Das Gras bringe ich der Kuh.
Die Kuh gibt mir Milch.
Die Milch bringe ich der Katze.
Die Katze gibt mir meinen Schwanz zurück.

Alle tanzen: Wie machst du ein Tänzchen
ohne dein Schwänzchen?
Das wär' eine Schande
in unserem Lande.

Bäcker: Nein, ich will nicht. – Geh' erst zum Müller und bringe mir Mehl!

Maus: Ja, ich bringe dir Mehl.

Alle: Sie geht, sie läuft, sie rennt, sie klagt,
sie hebt die Hände und sie sagt:

Maus: Bitte, Müller, gib mir Mehl.

Müller: Ja, ich gebe dir Mehl, jawohl!
Aber nur ein Säckchen voll.
Keinen Fünfzig-Kilo-Sack!

Maus: Danke, danke! Guten Tag!

Maus: Bäcker, ich bringe dir Mehl.

Bäcker: Danke, ich gebe dir Brot dafür.

Maus:	Bauer, ich bringe dir Brot.
Bauer:	Danke! Ich gebe dir Gras dafür.
Maus:	Kuh, ich bringe dir Gras.
Kuh:	Danke! Ich gebe dir Milch dafür.
Maus:	Katze, ich bringe dir Milch.
Katze:	Danke! Ich gebe dir deinen Schwanz zurück.
Maus:	Danke, nun kann ich tanzen gehn.
Alle	Nun machst du ein Tänzchen
tanzen:	nicht ohne dein Schwänzchen!
	Das ist keine Schande
	in unserem Lande.

Ein Mann geht nach Kremsmünster

Ein Mann geht nach Kremsmünster,
es ist so kalt und finster,
die Glocke schlägt schon Mitternacht.
Was hat der arme Mann gemacht?

Da kommt ein Esel.
»Du Esel, laß mich reiten!«
»Nein, ich mag nicht!«

Ein Mann geht nach Kremsmünster,
es ist so kalt und finster,
die Glocke schlägt schon Mitternacht.
Was hat der arme Mann gemacht?

Da kommt die Peitsche.
»Du Peitsche, schlage den Esel!
Der Esel läßt mich nicht reiten,
und ich komme nicht nach Kremsmünster!«
»Nein, ich mag nicht!«

Ein Mann geht nach Kremsmünster,
es ist so kalt und finster,
die Glocke schlägt schon Mitternacht.
Was hat der arme Mann gemacht?

Da kommt das Feuer.
»Du Feuer, brenne die Peitsche!
Die Peitsche schlägt nicht den Esel,
der Esel läßt mich nicht reiten,
und ich komme nicht nach Kremsmünster!«
»Nein, ich mag nicht!«

Ein Mann geht nach Kremsmünster,
es ist so kalt und finster,
die Glocke schlägt schon Mitternacht.
Was hat der arme Mann gemacht?

Da kommt der Regen.
»Du Regen, lösche das Feuer!
Das Feuer brennt nicht die Peitsche,
die Peitsche schlägt nicht den Esel,
der Esel läßt mich nicht reiten,
und ich komme nicht nach Kremsmünster!«
»Nein, ich mag nicht!«

Ein Mann geht nach Kremsmünster,
es ist so kalt und finster,
die Glocke schlägt schon Mitternacht.
Was hat der arme Mann gemacht?

Da kommt der Sturmwind.
»Du Sturmwind, verjage den Regen!
Der Regen löscht nicht das Feuer,
das Feuer brennt nicht die Peitsche,
die Peitsche schlägt nicht den Esel,
der Esel läßt mich nicht reiten,
und ich komme nicht nach Kremsmünster!«
»Nein, ich mag nicht!«

Ein Mann geht nach Kremsmünster,
es ist so kalt und finster,
die Glocke schlägt schon Mitternacht.
Was hat der arme Mann gemacht?

Da kommt der Berg.
»Du Berg, halte den Sturmwind auf!
Der Sturmwind verjagt nicht den Regen,
der Regen löscht nicht das Feuer,
das Feuer brennt nicht die Peitsche,
die Peitsche schlägt nicht den Esel,
der Esel läßt mich nicht reiten,
und ich komme nicht nach Kremsmünster!«
»Nein, ich mag nicht!«

Ein Mann geht nach Kremsmünster,
es ist so kalt und finster,
die Glocke schlägt schon Mitternacht.
Was hat der arme Mann gemacht?

Da kommt der Blitz.
»Du Blitz, zerschlage den Berg!
Der Berg hält nicht den Sturmwind auf,
der Sturmwind verjagt nicht den Regen,
der Regen löscht nicht das Feuer,
das Feuer brennt nicht die Peitsche,
die Peitsche schlägt nicht den Esel,
der Esel läßt mich nicht reiten,
und ich komme nicht nach Kremsmünster!«
»Nein, ich mag nicht!«

Ein Mann geht nach Kremsmünster,
es ist so kalt und finster,
die Glocke schlägt schon Mitternacht.
Was hat der arme Mann gemacht?

Da kommt der Donner.
»Du Donner, beschimpfe den Blitz!
Der Blitz zerschlägt nicht den Berg,
der Berg hält nicht den Sturmwind auf,
der Sturmwind verjagt nicht den Regen,
der Regen löscht nicht das Feuer,
das Feuer brennt nicht die Peitsche,
die Peitsche schlägt nicht den Esel,
der Esel läßt mich nicht reiten,
und ich komme nicht nach Kremsmünster!«
»Nein, ich mag nicht!«

Ein Mann geht nach Kremsmünster,
es ist so kalt und finster,
die Glocke schlägt schon Mitternacht.
Was hat der arme Mann gemacht?

Da kommt die Wolke.
»Du Wolke, dämpfe den Donner!
Der Donner schimpft nicht den Blitz,
der Blitz zerschlägt nicht den Berg,
der Berg hält nicht den Sturmwind auf,
der Sturmwind verjagt nicht den Regen,
der Regen löscht nicht das Feuer,
das Feuer brennt nicht die Peitsche,
die Peitsche schlägt nicht den Esel
der Esel läßt mich nicht reiten,
und ich komme nicht nach Kremsmünster!«
»Nein, ich mag nicht.«

Ein Mann geht nach Kremsmünster,
es ist so kalt und finster,
die Glocke schlägt schon Mitternacht.
Was hat der arme Mann gemacht?

Da kommt die Sonne.

»Du Sonne, verscheuche die Wolke!«
Die Sonne verscheucht die Wolke,
die Wolke dämpft den Donner,
der Donner beschimpft den Blitz,
der Blitz zerschlägt den Berg,
der Berg hält den Sturmwind auf,
der Sturmwind verjagt den Regen,
der Regen löscht das Feuer,
das Feuer brennt die Peitsche,
die Peitsche schlägt den Esel,
der Esel läßt den Mann reiten,
der Mann kommt nach Kremsmünster.

Ein Mann geht nach Kremsmünster,
es ist nicht kalt und finster,
vorüber war die Mitternacht.
Da hat der arme Mann gelacht!

Mit dem Lied »Ein Mann geht nach Kremsmünster« zieht die ganze Gesellschaft im Kreis herum, anfangs nur der Mann, dann schließt sich der Esel an, dann die Peitsche, bis zuletzt die Sonne den Umzug beschließt.

Der Spatz fliegt rund um das Haferfeld

Spatz: Ich bin ein Spatz, ich liege
in meiner Vogelwiege,
in meinem Nest, und möchte fein
so hutschi-heitsch geschaukelt sein.
Guten Morgen, lieber Apfelbaum!
Bitte schaukle mich!

Apfelbaum: Wie soll ich dich schaukeln,
wenn kein Wind weht?
Fliege zum Wind und sage ihm,
er soll wehen.

Alle: Der Spatz fliegt rund um das Haferfeld,
wali-walo, um die ganze Welt,
wali-walo, über's weite Meer!

Wind: Wo kommst du kleines Spätzchen her?

Spatz: Guten Morgen, lieber Wind!
Ich bin der Spatz vom Apfelbaum.
Bitte, lieber Wind, wehe!

Wind: Warum soll ich wehen?

Spatz: Damit mich der Apfelbaum schaukeln kann.

Wind: Wie soll ich wehen,
wenn kein Donner kracht?
Fliege zum Donner und sage,
er soll krachen.

Alle: Der Spatz fliegt rund um das Haferfeld,
wali-walo, um die ganze Welt,
wali-walo, über's weite Meer.

Donner: Wo kommst du kleines Spätzchen her?

Spatz: Guten Morgen lieber Donner!
Ich bin der Spatz vom Apfelbaum.
Bitte, lieber Donner, krache!

Donner: Warum soll ich krachen?

Spatz: Damit der Wind wehen kann
und der Apfelbaum mich schaukeln kann.

Donner: Wie soll ich krachen,
wenn kein Blitz zuckt?
Fliege zum Blitz und sage,
er soll zucken.

Alle: Der Spatz fliegt rund um das Haferfeld,
wali-walo, um die ganze Welt,
wali-walo, über's weite Meer.

Blitz: Wo kommst du kleines Spätzchen her?

Spatz: Guten Morgen, lieber Blitz!
Ich bin der Spatz vom Apfelbaum.
Bitte, lieber Blitz, zucke!

Blitz: Warum soll ich zucken?

Spatz: Damit der Donner krachen kann
und der Wind wehen kann
und der Apfelbaum mich schaukeln kann.

Blitz: Gut, ich wollte schon längst einmal zucken:
Zisch – zasch.

Donner: Der Blitz zuckt, da muß ich krachen.
Bumm – bumm.

Wind: Der Donner kracht, da muß ich wehen:
Hui – hui.

Apfelbaum: Der Wind weht,
da muß ich den Spatzen schaukeln.
Hutsch – heitsch.

Alle: Du kleiner Spatz, nun liege
in deiner Vogelwiege,
in deinem Nest, nun kannst du fein
so hutschi-heitsch geschaukelt sein.

Spatz: Apfelbaum, bitte höre auf!
Mir ist schon ganz schwindlig.

Apfelbaum: Wie soll ich aufhören,

wenn der Wind so weht?
Fliege zum Wind und sage,
er soll nimmer wehen.

Alle: Der Spatz fliegt rund um das Haferfeld,
wali-walo, um die ganze Welt,
wali-walo, über's weite Meer.

Wind: Wo kommst du kleines Spätzchen her?

Spatz: Bitte, Wind, höre auf zu wehen,
dann hört der Apfelbaum auf zu schaukeln.
Mir ist schon ganz schwindlig.

Wind: Wie soll ich denn aufhören,
wenn der Donner so kracht?
Fliege erst zum Donner und sage,
er soll nimmer krachen.

Alle: Der Spatz fliegt rund um das Haferfeld,
wali-walo, um die ganze Welt,
wali-walo, über's weite Meer.

Donner: Wo kommst du kleines Spätzchen her?

Spatz: Bitte, Donner, höre auf zu krachen,
dann hört der Wind auf zu wehen,
dann hört der Apfelbaum auf zu schaukeln.
Mir ist schon ganz schwindlig.

Donner: Wie soll ich aufhören zu krachen,
wenn der Blitz so zuckt?
Fliege erst zum Blitz und sage,
er soll nimmer zucken.

Alle: Der Spatz fliegt rund um das Haferfeld,
wali-walo, um die ganze Welt,
wali-walo, über's weite Meer.

Blitz: Wo kommst du kleines Spätzchen her?

Spatz: Bitte, Blitz, höre auf zu zucken,
dann hört der Donner auf zu krachen,
dann hört der Wind auf zu wehen,

	dann hört der Apfelbaum auf zu schaukeln.
	Mir ist schon ganz schwindlig.
Blitz:	Ich wollte schon längst aufhören.
Donner:	Der Blitz zuckt nicht mehr,
	da muß ich aufhören zu krachen.
Wind:	Der Donner kracht nicht mehr,
	da muß ich aufhören zu wehen.
Apfelbaum:	Der Wind weht nicht mehr,
	da muß ich aufhören zu schaukeln.
Alle:	Du kleiner Spatz, nun liege
	in deiner Vogelwiege,
	in deinem Neste, Spätzchen du,
	und hast vom Hutschi-heitschi Ruh'.

Über die Entwicklung des grammatikalischen Sprechens beim Kinde

1.) Normale und pathologische Entwicklung der Sprache

Die Eltern freuten sich, als Jürgen das erste Wort sprach. Sie verfolgten interessiert, wie er sich entwickelte, und bemerkten erst spät, daß er, verglichen mit Nachbarskindern, zurückgeblieben war. Sie wußten nicht, wann sich die Entwicklungsschritte eines Kindes normalerweise einstellen sollten. Jürgen war das erste Kind und ist nun fünf Jahre alt. Er spricht etwas undeutlich, vor allem aber verdreht und verstümmelt er die Sätze. Ein Beispiel dafür: »Da Mama.« Er will sagen: »Mama ist da.« Das Wörtchen »ist« läßt er aus.
»Du auch sag hast.« – Er meint: »Du hast auch gesagt.« Oder: »Ich nicht mehr essen mag.« Das soll heißen: »Ich mag nicht mehr essen.«
Jürgen redet wie ein Ausländer. Er gebraucht häufig an Stelle der abgewandelten Formen der Zeitwörter deren *Nennformen.* Oft gehen ihm Vorsilben und Endungen verloren. Übrig bleiben dann die *Wortstämme* als wichtigste Bedeutungsträger.
Ein Ausländer ist schon glücklich, wenn er sagen kann: »Bitte Bahnhof«, statt der komplizierten Frage: »Guten Tag! Bitte, sind Sie so freundlich und sagen Sie mir, wie komme ich von hier am schnellsten zum Bahnhof?« So wählt auch Jürgen immer die primitivste Formel.
Dabei fehlt es ihm nicht an Namen. Er benennt schier alle Dinge, die in seinem Lebensbereich vorkommen. Er kennt sie und versteht einigermaßen, wie sie funktionieren, wie jedes andere Kind seines Alters auch. Aber die kleinen Wörter – ist, weil, dann – scheinen ihm unwichtig. Er läßt sie aus.
Es gibt eine Unzahl von diesen kleinen Wörtern: auch, sonst, noch, wird, war usw. ... Was beinhalten sie?
Kühlewind nennt sie im philosophischen Sinn *Verhältnis-Wörter* und schreibt: »Diese Verhältnis-Wörter geben die eigentliche Struktur, das Gerüst unserer Welt, durch die Wahrnehmungsbegriffe wird dieses Gerüst ausgefüllt.«[1] Dieses Gerüst fehlt Jürgen offensichtlich.
Er versteht den Sinn von Geschichten, die seinem Alter entsprechen.
Er hört die wichtigsten Fakten heraus. Aber wenn man ihm etwas

ganz richtig vorspricht, dann kann er es nur ziemlich verdreht und verkürzt nachsagen. Er hat sich, wie es scheint, die eigenen Fehler schon derartig eingeprägt, daß er davon nur schwer loskommt.
Man kann nicht sagen, Jürgen sei unintelligent. Er spielt, sogar mit einiger Phantasie. Allerdings vermeidet er es in letzter Zeit, mit anderen am Spielplatz zu spielen, weil sie allmählich seine Schwäche bemerken und ihn verspotten. Für ihn ist der grammatikalische und syntaktische Aufbau der Sprache ein beinahe unbesteigbarer Berg. Woher kommt das?
In der Regel beginnen die Kinder zu sprechen, nachdem sie aufrecht stehen und gehen gelernt haben. Das Ehepaar Scupin[2)] beschrieb sehr aufmerksam die Entwicklung ihres Kindes in einem Tagebuch, dem interessante Details zu entnehmen sind. Bubi, so nannten sie ihn, verstand und sprach nach dem 1. Lebensjahr schon einzelne Wörter und gebrauchte sie richtig.
Ganz aus eigenem Antrieb wandte er im 12. Lebensmonat das Wort »da« an. Mit diesem »da«, das meist früh bei allen Kindern auftritt, zeigt das Kind an: Ich habe entdeckt, da ist etwas. Da existiert etwas, was ich wahrgenommen habe. Ich begreife davon nur das Allgemeinste: das *Sein*.
Im Innern des Kindes leuchtet der erste bedeutende Begriff auf: Es deutet auf das wahrgenommene Ding und sagt: »Da!«
Bei einem trisomen Kind blieb lange – es war schon vier Jahre alt – dieser Begriff der einzige, den es verstand. Fragte man: »Wo hast du deine Nase?«, dann zeigte es zum Fenster hinaus und sagte mit großem Vergnügen: »Da!« Es wußte wohl, daß es überhaupt etwas gibt in der Welt, die nähere Unterscheidung fehlte ihm noch.
Nun zurück zu dem Ehepaar Scupin: Ferner sprach Bubi: »Abah«, was wiederum einen großen Bedeutungsumfang besaß. Das konnte heißen: »Wir gehen spazieren«; oder: »Der Hund geht fort«; oder: »Er *soll* fortgehen.« Es konnte auch bedeuten: »Irgend etwas ist verschwunden.« »Papa« wird manchmal richtig, häufig aber auch beim Anblick ganz gleichgültiger Gegenstände gesagt und bedeutet somit auch nichts anderes als das Wörtchen »da«.

In den ersten Anfängen erlebt Bubi noch recht ungenau welcher konkrete Sinn den Wörtern anhaftet. Mit dem gleichen Wort »Mama« begrüßt er die Mutter, wenn sie zur Türe hereinkommt, ruft er die Mutter, wenn er in die Arme genommen werden will, wenn er sich ängstigt oder wenn ihn etwas schmerzt. »Mama« bedeutet dann nicht nur die Person der Mutter, sondern auch noch die Flasche, kurzum alles, was er begehrt.

Mit 21 Monaten begann Bubi Zwei-Wort-Sätze zu sprechen: »Daten lalala.« Er wollte sagen: »Die Soldaten singen.« Oder: »Tuhl sissen« – »Ich will auf dem Stuhl sitzen.«

Im 28. Monat wurde er bei einem Monolog über das Wetter belauscht. Er hatte ein paar Redewendungen aufgeschnappt und übte diese für sich allein: »Nebel kommt, Bäge (Berge) alle fort, Sonne hat sumacht (zugemacht), Nebel gehste weg!«

Nun ist Bubi so weit, daß er ganze Wortketten bildet, aus denen allmählich richtige Sätze entstehen werden. Er unterscheidet schon zwischen Einzahl und Mehrzahl (Berge) und verwendet die Vergangenheit (zugemacht). Noch weiß er nicht so recht, wie die Wörter aufeinander folgen.

Als er im selben Alter eine Schachtel mit Kuchen bekommt, sagt er: »Bubi Kuchen hast, Papa seigen.« – Bubi hat Kuchen bekommen und will ihn dem Papa zeigen.

Hinter den sprachlich falschen Wortreihen steckt sogar häufig eine subjektive Richtigkeit. Das Kind setzt nämlich das Wort, das ihm am *wichtigsten* erscheint, an die *erste* Stelle.

Sehr früh kommt im kindlichen Wortschatz das häufige Neinsagen vor, keineswegs aus Negativismus. Das kleine Kind ist im tiefsten Wesen positiv eingestellt. Doch beginnt es allmählich einen eigenen Willen zu entfalten und muß erst lernen, diesen an den Willen der Umwelt anzupassen. So kündigt sich im Neinsagen eigentlich die werdende Willenskraft an, die sich vom Willen des Erwachsenen absetzt. Und wiederum wird völlig logisch häufig das Nein oder Nicht an den Schluß des Satzes gesetzt: Ich will schlafen – nicht. Das »*Nicht*« ist das *Ziel* des Satzes.

Da der Grammatik in der Frühzeit des Sprechens noch so vieles fehlt, muß das Kind durch Gestik, Mimik und Stimmton manches zum Verständnis beitragen.

Im Alter zwischen zwei und drei Jahren kommen dann die unermüdlichen Fragen: »Was ist denn das?« Das Kind will alle Dinge, die ihm begegnen, mit Namen versehen, um die Welt zu begreifen.

Später, mit dem dritten Lebensjahr, tauchen die Warum-Fragen auf: »Warum hat das Schiff zwei Fahnen?«

Wollte man etwa auf die Nationalität des Schiffes eingehen, dann hätte man die Frage mißverstanden. Nein, das Kind fragt nach den *Beziehungen,* welche die Dinge zueinander haben, nicht nach logischen Begründungen. »Das Schiff hat zwei Fahnen, damit man sieht, wie es sich freut. Die vordere Fahne flattert, weil sich das Schiff freut auf das Land, in das es kommt. Die hintere Fahne flattert, weil es winkt und sich verabschiedet von dem Land, aus dem es kommt. Wenn die Fahnen flattern, dann winken das Schiff und der Kapitän, die Matrosen und die großen und kleinen Leute, die mitfahren. Alle winken!« So hat man der Phantasie Flügel verliehen, und Phantasie ist auch das Heilmittel gegen die *Fragepein.* Dann wird das Kind nicht sinnlos weiterfragen. Es wird über die Antwort nachsinnen und sich die Bilder weiter ausmalen.

Es erwartet weder kluge noch alberne Antworten. Wenn es fragt, warum das Feuer brennt, so fragt es nach den *Zusammenhängen,* wie es kam, daß dieses Feuer zu brennen begonnen hat. Es will gedankliche Beziehungen herstellen, denn in seinem dritten Lebensjahr erwacht das Denkvermögen.

Es ist erstaunlich, was ein Kind in den ersten drei Lebensjahren zu lernen vermag. Es prägt sich, unermüdlich nachahmend, die Sprache ein. Der Wortschatz zweijähriger Kinder umfaßt etwa 350 Wörter, wovon etwa die Hälfte *Hauptwörter* und ein Viertel *Tätigkeitswörter* sind. Überwiegt auch die Anzahl der Hauptwörter, so dürfen wir nicht meinen, sie bedeuten dem Kind dasselbe wie dem Erwachsenen. Jedes Ding wird vom Kind so erlebt, daß es etwas tut oder erleidet. Es empfindet die Welt wirklich *verbal,* d. h. so wie der Erwachsene nur die Tätigkeiten erlebt. Alle Hauptwörter sind ihm wie Tätigkeitswörter.

Die Wörter sind ihm Schlüssel in die geheimnis-dunklen Kammern der Welt. Würden sie ihm nicht gegeben, dann müßte es verharren in einem dumpfen vegetativen Dasein. Wir sehen ja, wie schwer es z. B. einem schwerhörigen Kind fällt, zu den Wirklichkeiten vorzudringen, die sich der visuellen Anschauung verschließen. Wie sollte es auch Gedanken wie Freude, Trauer, Erinnern oder Vergessen begreifen, wenn ihm die Wörter dazu fehlen. Denn Wörter sind es, die dem Kind die Welt erhellen.

Die Natur wird vom Sonnenlicht erhellt. Die Farben und Konturen der Dinge werden sichtbar. Dasselbe schenkt uns die Sprache für das Begreifen und Denken. Das wird nirgends so deutlich wie dort, wo man sieht, wie das erhellende Sprachwesen hereinzuleuchten beginnt in den Morgen der ersten Lebensjahre.

Tschukowski erzählt, wie ein Vierjähriger und sein fünfjähriger Bruder sich auf dem Spielplatz zanken:

»Mir hat Papa selber gesagt …«, meinte der Ältere. »Nein«, entgegnete der Kleine, »mir hat Mama selber gesagt …« Nun erhob der Ältere seine Stimme: »Aber Papa ist doch mehr selber als Mama – Papa ist viel mehr selber!«[3)]

Die beiden wechseln Wörter wie Goldmünzen, so kostbar ist der Wortschatz. Das Beispiel zeigt, wie das Kind von den Wörtern und Sätzen gelenkt wird, um richtig zu denken. Sein Begreifen bleibt vorerst im Allgemeinen. Es stößt als Neuling in dieser Erdenwelt auf die einfachsten Dinge. Es begreift sie, allerdings ohne erfahren zu haben, wie es wirklich hier zugeht. Einige Beispiele dazu:

> »Ich liebe Knoblauch: Er riecht nach Wurst.«
> »Das Meer – das ist mit einem Ufer, der Fluß mit zweien.«

»Heize, Papa, heize, soll das Feuer zum Himmel
fliegen, dort werden daraus Sonne und Sterne!«[3]

Den Kindern fehlt in diesem Alter nur noch die Erfahrung, doch sie können schon die Welt begreifen und das Begriffene denkend verbinden. Sie gehen dabei in die Denkschule der Wörter.

2.) Vom Ich-Sagen der Kinder

Das Kind weiß noch einige Zeit, nachdem das Sprechen einsetzte, nicht, was das Wörtchen »Ich« bezeichnet. Das ist erstaunlich. Ist doch das Ich das Zentrum aller unserer Erlebnisse!

Besitzt das Kind schon ein Ich? Doch, aber es weiß nichts davon. Es besitzt noch kein Vorstellungsbild von seinem Ich, und man kann nur bezeichnen, was man kennt. Das Kind kennt sich selber so lange nicht, wie sein Gehirn nicht reif dazu ist, das *Ich* als *Vorstellung* zu erleben. Was wir dann später mit dem Ich bezeichnen, was uns so wertvoll erscheint, ist zunächst nur eine Vorstellung. Denn es dringt ins Bewußtsein nicht die Erfahrung des wirklichen Ich, sondern nur was man davon vorstellt – eine Art Spiegelbild. Dieses gespiegelte Bild braucht das Kind; dann erst wird es fähig, zu sich »Ich« zu sagen.

Aus der Geisteswissenschaft Rudolf Steiners[4] erfahren wir, wie das Ich-Wesen des Kindes in den ersten Lebensjahren sich mit dem Leib verbindet. Wenn es geboren wird, versinkt sein Seelisch-Geistiges hinein in die Leibesorganisation, und es verdunkelt sich vorerst sein Bewußtsein. Es erlebt nicht mehr die Engelwesen, die es in der Geistwelt umgaben und die ihm zutönten: Du bist ein Ichwesen. Der Mensch erfährt nämlich in der geistigen Welt seine ich-hafte Existenz von außen. Er empfängt aus dem geistigen Kosmos, aus der Welt der schaffenden Ideen das Erlebnis seines Ich. Das Ich lebt als wirkende Idee seines Daseins, das vom Tod bis zur neuen Geburt weiterbesteht, das die Inkarnationen überdauert. Dieses Ich-Erleben schwindet aber dahin, wenn die Zeit heranrückt, da sich der Mensch anschickt, die Erde für ein neues Leben zu betreten.

Ich-Erleben als Gabe des Kosmos

Abb. 1

In der ersten Lebenszeit befindet sich das Kind in einer außergewöhnlichen Lage. Das *Ich-Erleben* als Gabe der Geistwelt ist ihm verklungen, und es besitzt noch keine *Vorstellung* von seinem Ich. Aus diesem Grund erlebt es die Welt völlig anders als ein Erwachsener. Darin liegt das Geheimnis, warum ein kleines Kind soviel lernen kann. Sein Ich, von dem es nichts weiß, ist eingetaucht in das Tun, Reden und Denken seiner Mitmenschen. In kürzester Zeit lernt das Kind nicht allein seine Muttersprache, nein, das *Sprechen überhaupt*. Es lernt nicht nur, sich aufrecht zu bewegen, sondern das *Bewegen überhaupt* und auch das *Denken überhaupt*. Es ist kaum zu ermessen, was der Genius des Menschen in so kurzer Zeit alles lernt.

So liegt die Zeit, in der das Kind die wichtigsten Schritte seiner Entwicklung macht, *vor* dem »Ich«-Sagen. Es redet auch von sich wie von einem anderen. »Hannes kriegt Milch.« »Hannes will spielen.« Erst in einem gewissen Schicksalsaugenblick erlebt das Kind zum erstenmal sich selbst und bezeichnet sich von nun an mit dem Namen »Ich«. Ganz großartig beschreibt Jean Paul dieses Erlebnis:

»Nie vergesse ich die noch keinem Menschen erzählte Erscheinung in mir, wo ich bei der Geburt meines Selbstbewußtseins stand, von der ich Ort und Zeit anzugeben weiß. An einem Vormittag stand ich als sehr junges Kind unter der Haustür und sah links nach der Holzlege, als auf einmal das innere Gesicht, ich bin ein Ich, wie ein Blitzstrahl vom Himmel auf mich fuhr und seitdem leuchtend stehen blieb: da hatte mein Ich zum ersten Mal sich selber gesehen und auf ewig. Täuschungen des Erinnerns sind hier schwerlich denkbar, da kein fremdes Erzählen sich in eine bloß im verhangenen Allerheiligsten des Menschen vorgefallene Begebenheit, deren Neuheit allen so alltäglichen Nebenumständen das Bleiben gegeben, mit Zusätzen mengen konnte.«

Ein andermal kommt Jean Paul in seiner »Levana oder Erziehlehre« auf dieses Erlebnis zurück und sagt:

»Es gibt Menschen, die sich tief bis an die Grenzstunde hinein besinnen, wo ihnen zum erstenmal das ›Ich‹ plötzlich aus dem Gewölke wie eine Sonne hervorbrach und wunderbar eine bestrahlte Welt aufdeckte.«[5]

Das Kind hat von diesem Augenblick an in sich selbst das Wesentliche gefunden, was bisher schon alles das hervorbrachte, was die ersten drei Lebensjahre auszeichnet: Gehen, Sprechen und Denken. Das *Ich* war es auch, das bisher allen Dingen den Namen gab. Es war schon da, ehe es seiner selbst gewahr wurde. Das Gehirn war bis dahin noch nicht reif genug. Da fehlte dem Ich das Werkzeug, womit es eine Vorstellung von sich selbst hätte bilden können.

Nun hat mit dem Ich-Sagen das Kind gelernt, den Hauptgedanken seines Lebens zu fassen, den es weiterhin immer wieder vor Augen haben wird. Es stellt damit eine Wirklichkeit vor, die *ganz geistig* ist.

Meistens beginnen die Kinder recht zaghaft, zu sich Ich zu sagen:

Bubi der Familie Scupin war 26 Monate alt. Die Mutter sollte mit ihm aus dem Hause und suchte seine Mütze, lange und vergeblich. Bubi saß auf dem Sofa. Plötzlich hob er das Kissen und sagte neckisch: »Hab ich dahin getan.«

So ganz tief war bei Bubi die erste Ich-Bezeichnung noch nicht verankert. Er redete sich noch lange, besonders in seinen Selbstgesprächen, mit Du an: »Ja, ja, Reis kriegst du«, als die Mutter Reis brachte.

Gegenwärtig lernen Kinder relativ früh, oft schon mit zwei Jahren, das Ich-Sagen. Tritt jedoch dieses Ereignis später ein, so braucht man nicht unzufrieden zu sein. Es ist noch mit drei oder dreieinhalb Jahren durchaus nicht zu spät.

Sagten wir doch, daß in der Zeitspanne, bevor ein Ich seiner selbst bewußt wird, die menschlichsten Fähigkeiten erworben werden: das Gehen, das Sprechen, das Denken – alles, was uns vom Tier unterscheidet. Leider zielen manche scheinbar wissenschaftlich fundierten Bestrebungen darauf ab, die Kinder frühzeitig aus diesem Paradiesgärtlein des Mensch-Werdens auszutreiben. So empfiehlt man, püriertes Fleisch schon im ersten Lebensjahr zu geben, wodurch Wachstum und Entwicklung wesentlich beschleunigt werden. Andere empfehlen, Säuglinge schon von Geburt an hauptsächlich auf den Bauch zu legen. Und in der Tat, sie richten sich früher auf, und die Sinnestätigkeit erwacht früher. Allerdings bemerkt man, sobald die Kinder zu laufen beginnen, eine Neigung zur Spitzfußbildung. Was aber völlig außer acht gelassen wird, ist die Tatsache, daß der Mensch nur durch seine besonders *langsame Entwicklung* jener Verhärtung entgeht, die das Tier kennzeichnet. Diese weiche, unvollendete Konstitution befähigt ihn zu lernen: in der Kindheit, in der Jugend, eigentlich sein ganzes Leben lang.

Kann man das Ich-Sagen lehren? Nein! Alles in der Welt läßt sich zeigen oder erklären, nicht aber das Ich. Es steigt wie ein Bild im Inneren auf, wie eine Ur-Erinnerung an das, was der Mensch als individuelles geistiges Wesen ist. Allerdings erscheint in der Ich-Vorstellung dieses Unendlich-Große zusammengeschrumpft zu etwas Abstraktem, Punktartigem.

Rudolf Steiner schreibt in seiner Theosophie: »Das Ich bleibt als die eigentliche Wesenheit des Menschen ganz unsichtbar. Treffend nennt daher Jean Paul das Gewahrwerden des Ich eine ›bloß im verhangenen Allerheiligsten vorgefallene Begebenheit‹. Denn mit seinem Ich ist der Mensch ganz alleine.«[6]

Wenn aber dieses Hauptereignis der Kindheit, das erste Ich-Sagen, sich sehr verzögert, wie können wir dann dazu verhelfen? Was ist der Grund, daß sich das Ich nicht im Spiegel erblickt? Der Spiegelungsapparat des Gehirns kann so beschaffen sein, daß er nicht genügt. Es tritt dann das normale Ich-Bewußtsein nicht ein, obwohl die Individualität völlig intakt ist. Das ist wichtig zu wissen, gerade im Umgang mit Kindern, die in ihrer Entwicklung behindert sind. Es gehört zu den Grunderkenntnissen der anthroposophischen Heilpädagogik, daß das geistige Wesen eines Menschen *nie* erkranken kann. Erkranken kann nur der Leib, und dieser behindert dann den Geist an seiner vollen Entfaltung.

Da das Gehirn bis zum neunten Lebensjahr und in gewisser Hinsicht auch noch später bildsam bleibt, bieten pädagogische Maßnahmen die Möglichkeit manches auszugleichen, was mangelhaft veranlagt ist. Es muß alles getan werden, was die Persönlichkeit des Kindes stärken kann. Wie keine Pflanze ohne Sonnenlicht gedeiht, so kann auch das Ich nicht wachsen, wenn es nicht geliebt wird. Ein Kind zu lieben ist das Natürlichste auf der Welt und zugleich das Geistigste.

Das Gehirn spiegelt

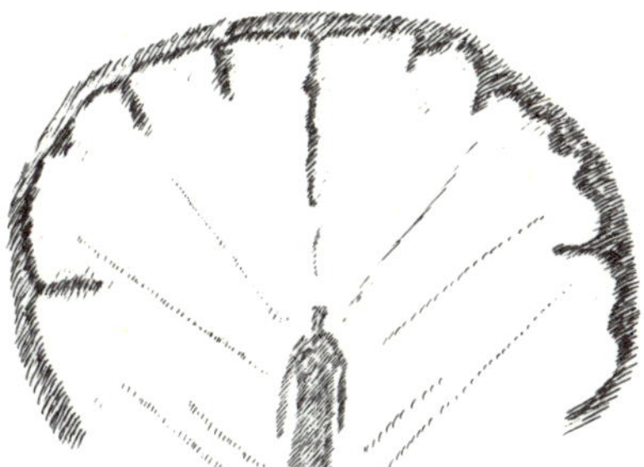

Abb. 2 Ich-Vorstellen als Gabe des Leibes

In den ersten drei Jahren schlüpft das Ich allmählich in den vererbten Leib und macht ihn gefügig, alles Menschengemäße aufzunehmen. Es erglänzt der unsichtbare Ich-Strahl im Farbenspektrum der körperlichen Erscheinung. Schließlich gewahrt der Mensch sich selbst im Spiegel des Leibes und weiß von nun an: »Das bin ich. Ich bin es, der die Welt anblickt, sie begreift und das Begriffene mit Namen benennt.«

Somit ist das *Ich-Wort* das Wort aller Wörter und gleichermaßen der reine Gegensatz aller. Es ist, als ob um diesen Zentralstern alle anderen kreisten. Nun bekommen die vorher erlernten Namen erst ihre eigentliche Bedeutung. Indem nämlich das Ich-Wort den übrigen gegenübersteht, verleiht es ihnen den Widerschein, den sie brauchen, um deutlich sichtbar zu werden.

Welche Wörter sind seine nächsten Trabanten, welchen wendet sich das Ich-Wort ganz persönlich zu? Das *»Du«* wird vom Ich zunächst erhellt als die zweite Person. Es erweitert sich zusammen mit dem *»Er«*, *»Sie«* und *»Es«* zu dem mächtigen Akkord des *»Wir«*. Das »Wir« findet neue Gegenspieler: die Mehrzahl der zweiten Person – *»Ihr«* – und der dritten Person – *»Sie«*. Das Ich-Wort ist im Deutschen umgeben von sieben Wörtern wie von einem Planeten-Reigen, dessen Konstellationen die mannigfaltigsten menschlichen Beziehungen ausdrücken.

Der Vollständigkeit halber müssen wir einen philosophischen Gedankengang anschließen, der scheinbar über den Inhalt der kindlichen Sprachentwicklung hinausreicht. Mit dem Ich-Wort ist doch eines jeden Menschen tiefstes Sein bezeichnet, und dieses reicht immerhin weiter, als irgend jemand sich im Augenblick vorzustellen vermag. Es reicht weit hinaus über Tag und Stunde und über den Ort, an dem man sich gerade befindet.

Was wir als unser Ich bezeichnen, ist, wie gezeigt wurde, nur eine Vorstellung. Wir wissen wenig von dem, was wir als Ich-Wesen wirklich sind. Wir kennen uns kaum. Der strebende Mensch kann aber mit seiner Selbsterkenntnis nicht stehenbleiben bei einer bloßen

Vorstellung. Sowenig eine vorgestellte Mahlzeit sättigen kann, so unbefriedigt bleibt man mit dem nur vorgestellten Ich. Eine wirkliche *Selbsterkenntnis* will jenes Ich zur geistigen Anschauung bringen, das so bedeutsam in den ersten Lebensjahren wirkt und das tätig und leidend dem Schicksal begegnet.

Man kann mit einer bestimmten Anzahl von Begriffen das Schicksal eines Menschen charakterisieren. Will man also schildern, wie sich ein Mensch in seinem Leben entfalten konnte und welche Hindernisse sich in seinen Weg stellten, dann kann man nach zehn Gesichtspunkten vorgehen.

Man muß darstellen, welche *Taten* der betreffende Mensch verrichtet hat und welche *Leiden* er erduldet hat. Weiter muß man zeigen, wie er sich da und dort *verhalten* hat, welche *Beziehungen* er im Laufe seines Lebens angeknüpft hat und in welche *Situationen* er verwickelt worden ist. Darüber hinaus muß man schildern, wo der Mensch sich überall aufgehalten hat – den *Raum* seines Lebens – und wann das alles geschehen ist – die *Zeit*. Dann wäre noch zu zeigen, welches *Quantum* an geistigem und materiellem Vermögen er besessen und erworben hat. Schließlich hätte man noch die Aufgabe, seine Schwächen und Vorzüge an bestimmten Beispielen zu charakterisieren – seine *Qualitäten*.

Warum diese Merkmale eines Menschenlebens hier aufgezählt werden, wird aus den weiteren Ausführungen noch ersichtlich werden. Hätte man sie für einen bestimmten Menschen ausführlich beschrieben, dann entstünde ein Bild seines Lebens, eine Biographie.

Abb. 3

3.) Das Begreifen der Welt und die Wörter

Wenn man Gedanken mitteilen will, muß man sie in Wörter und Sätze fassen. Nur so finden sie den Weg zu anderen Menschen. Man füllt seine Gedanken in die Worthüllen der Namen ein und schickt sie auf den tönenden Luftwegen zu den Ohren seiner Zuhörer.

Nun liegt eine der Schwierigkeiten, grammatikalisch richtig sprechen zu lernen, schon in der Tätigkeit des Begreifens. *Was nicht begriffen wird, ist auch nicht sagbar.* Wir können dem letzten Kapitel über das Ich-Sagen den Schlüssel entnehmen, um das zu verstehen: So wie das Ich erst dann mit Namen genannt wird, wenn es vorgestellt werden kann, ist es mit allen übrigen Namen auch.

Wir wollen als Beispiel zwei einfache Sätze anführen. Das Kind fragt: »Mutti, ist die Suppe fertig?« Die Mutter antwortet: »Warte, bald wird sie fertig sein. Ich muß sie noch salzen.«

Diese Sätze enthalten eine Fülle von Begriffen. Das Kind weiß bereits, daß es verschiedene *Substanzen* wie Suppe oder Salz gibt. Es weiß, indem es das Wort »ist« verwendet, von einem *Sein.* Die Suppe »wird« fertig: es kennt das *Werden.* Kurzum, es lernt mit den Wörtern Begriffe kennen, die es in eine Welt führen, die viel geistiger ist, als man zunächst annehmen möchte.

Natürlich weiß das Kind von diesen Begriffen nicht wie ein Philosoph. Allein über den Begriff des Seins sind ganze Bibliotheken philosophischer Literatur geschrieben worden. Doch das Kind pflückt, völlig unbekümmert um jede Spekulation, die Lichtfrüchte vom Baum der Erkenntnis.

Was seinerzeit Aristoteles[7)] mit den zehn Kategorien als oberste Denk- und Seinsprinzipien konstatierte, das ist im grammatikalischen und syntaktischen Aufbau der Sprache enthalten.

Die Art, die Kategorien zu gruppieren, ist dem Werk F. Pöppig, Ursymbole, entnommen.[8)]

Aristoteles leitete diese berühmten zehn Kategorien im wesentlichen von zehn Wortarten ab. Wie man sieht, ging der Heros aller Denker,

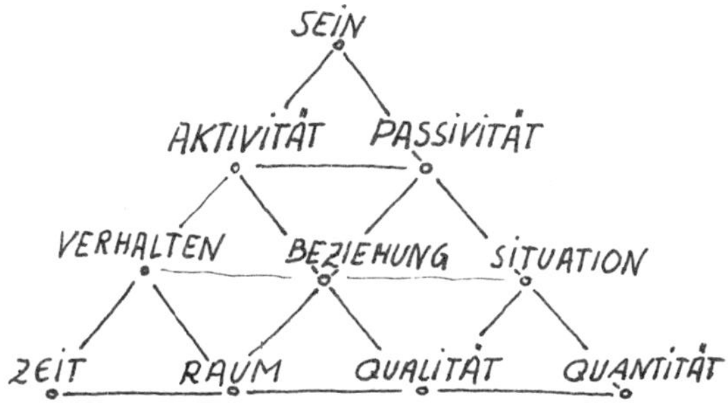

wie jedes Kind, in die Denkschule der Grammatik. Er entnahm die Normen des Denkens aus der Welt der Sprache.
Erhard Lauer[9] stellte Kategorien und Wortarten folgendermaßen nebeneinander:

Kategorie:	Wortart:
Substanz, Sein	Substantiv
Qualität	Adjektiv
Quantität	Zahlwort
Raum	Adverb des Ortes
Zeit	Adverb der Zeit
Beziehung	Adverb der Art und Weise
Aktivität	transitives Verb, Aktivform
Passivität	transitives Verb, Passivform
Verhalten	Partizip
Situation	intransitives Verb

Jeder Satz enthält eine Fülle von Kategorien. Alles Sprechen ist daher ein unbewußtes Kategorisieren, das die Kinder durch bloße Nachahmung erlernen.
Diese Fähigkeit, Dinge und Vorgänge der Welt zu begreifen, darf aber nicht mit dem eigentlichen Denkakt verwechselt werden. Das

Denken des Kindes bleibt vorerst völlig eingebettet in Wörter und Sätze.

Wenn wir als Erwachsene denken, verbinden wir das, was von den Sinnen wahrgenommen worden ist, mit Begriffen. Wir bilden Vorstellungen und verknüpfen diese untereinander. Das kann das Kleinkind noch nicht und ist somit in einer eigentümlichen Lage. Es denkt noch nicht im eigentlichen Sinne, reicht aber mit seinem Begreifen bereits weit über das sinnlich Sichtbare hinaus in die Welt höchster Ideen.

Woher nimmt es diese Ideen?

Es kann sie *nicht* aus der Erfahrungswelt abstrahiert haben; es kennt ja noch nicht die Mannigfaltigkeit der Welt, die es z. B. zum Begriff des Seins zusammenfassen könnte. Es kann noch nicht abstrahieren und weiß doch vom Sein.

Eine wirklichkeitsgemäße Menschenkunde kann nicht stehenbleiben bei den Grenzen der irdischen Existenz des Menschen. Die geistigen Individualitäten der Kinder kommen aus einer Welt der geistigen Urbilder. Sie bringen etwas aus dieser Urbilder-Welt mit, wie ein Erbe.* Das ist die Fähigkeit, wie selbstverständlich nach den Kategorien zu greifen, die in den Wortarten der Sprachen enthalten sind. Sie verstehen die Wortarten, weil in ihnen etwas als Fähigkeit auflebt, das aus der Zeit stammt, die sie im Reiche der Ideen zubrachten.

Die Sprache läßt sich mit einem Fluß vergleichen, in dem sich die Lichter der kategorialen Begriffe spiegeln. Diese Begriffe sind aber selber wie Reflexionen. Sie sind Spiegelbilder von Wirklichkeiten. Wirklich sind die in der geistigen Welt existierenden Ideen. Es spiegeln sich die lebendigen Ideen in den Begriffen, und diese spiegeln sich nochmals in den Wortarten der Sprachen.

Ist es nicht wie beim Sonnenlicht, das vom Mond reflektiert wird und dann als Mondlicht in einem dahinfließenden Wasser sich noch einmal spiegelt? Die Welt der Urbilder vermag nur der zu erkennen, der

* Siehe auch: Udo de Haes »Urbilder der Kleinkindseele«, Mellinger Verlag

gelernt hat, in der geistigen Welt zu schauen. Das gewöhnliche Begreifen faßt deren Glanz, vergleichbar mit dem blassen Schein des Mondes, ins Auge. Das Kind blickt erst in den Fluß der Sprache, wo – wie gespiegeltes Mondlicht – schimmernd das Licht der kategorialen Begriffe erscheint.

Urbilder - Denkkategorien - Wortarten

Abb. 4

4.) Die Begriffe und das Reich der Urbilder

Warum bleibt ein Kind zurück auf dem Gebiet des grammatikalisch richtigen Sprechens? Meistens handelt es sich um eine *Schwäche* des Kindes, *Begriffe zu bilden.* Der denkende Mensch findet in der Vereinigung der Sinneserfahrungen mit der Begriffswelt die volle Wirklichkeit. Jemand, bei dem die Zahl der *Sinne* kleiner ist, wird weniger wahrnehmen und daher unvollkommener die Welt erkennen. (Vergleiche dazu Rudolf Steiner: »Philosophie der Freiheit«, Kap. IX.) Wenn aber das *Begriffsvermögen* nicht ausreicht, um die Fülle der gewonnenen Sinneseindrücke zu fassen, so wird ebenfalls eine unvollkommenere Erkenntnis zustande kommen. Jedoch nicht nur dies, es wird sich das mindere Begriffsvermögen auch im sprachlichen Ausdruck bemerkbar machen, und zwar in einer mangelhaften Grammatik.

Wie kommt eine solche Schwäche im Bilden von Begriffen zustande? Betrachten wir den Weg der Individualität, den sie von der geistigen vorgeburtlichen Welt in das Erdenreich herein wandert, wie ihn Rudolf Steiner in manchen seiner Darstellungen schildert. Wir folgen hier sinngemäß jener, die sich im 1. Vortrag des Heilpädagogischen Kurses findet. Es wird dort die Frage gestellt: Wie kommt der Mensch überhaupt zu seinen Gedanken? Heute ist ja die Ansicht verbreitet, die Gedanken seien Produkte von Hirnprozessen. »Wenn man den Menschen mit anthroposophischer Anschauung wirklich prüft, so wird man gar nicht dazu kommen, irgend etwas in ihm zu entdecken, woraus Gedanken entstehen.« Das schildert Rudolf Steiner in einer sehr anschaulichen Weise: Mit keinerlei Mitteln ließe sich aus der Beschaffenheit eines Milchtopfes ableiten, daß dieser Milch hervorbringen könne. Ebensowenig entstehen Gedanken im Gehirn. Woher kommen nun wirklich die Gedanken? Es muß in Betracht gezogen werden, daß wir nicht allein von Dingen und Vorgängen der physischen Welt umgeben sind, sondern auch von Gestaltungskräften, die in allem Lebendigen wirken. Rudolf Steiner nennt die Summe dieser Lebensbildekräfte den *allgemeinen Weltenäther*. Auch im Menschen wirkt der Weltenäther. Er bildet seinen individualisierten Ätherleib. Der Ätherleib ist nicht nur der Träger aller seiner Lebensprozesse, er ist auch der Träger seiner Gedanken. Der Mensch lebt vor seiner Geburt in der Sphäre des Weltenäthers.

Das ist eine Welt, die durchdrungen ist von lebendigen Gedanken bzw. von weisheitsvollem Leben. Von dort empfängt er diese lebendige Weisheit seines Ätherleibes.

Niemals aber kann der Mensch im Erdenleben aus dem Weltenäther Gedanken entnehmen. Das wird in diesem Vortrag besonders betont. Er kann zwischen Geburt und Tod niemals aus dem Weltenäther schöpfen. »Sondern alles, was der Mensch an lebendigem Gedankenvorrat in sich enthält, empfängt er in dem Augenblick, wo er aus der geistigen Welt heruntersteigt – und sich seinen Ätherleib bildet.« Soweit aus dem Heilpädagogischen Kurs.[10)]

Was am Menschen bildet und organisiert, was in den Auf- und Abbauprozessen tätig ist, das ist sein ätherischer Leib. Er entstammt dem allgemeinen Weltenäther. Dort ist *die Quelle alles Lebens und aller Weisheit.*

Bevor das Ich sich anschickt, ein neues Erdenleben zu beginnen, hat es sich umgeben mit diesen Kräften. Sie wirken und bilden, beginnend mit der Konzeption am physischen Leib. Der individualisierte Ätherleib ergießt seine Wirkungen in die verschiedenen Lebensbereiche. Man kann sie in folgender Weise aufgliedern:

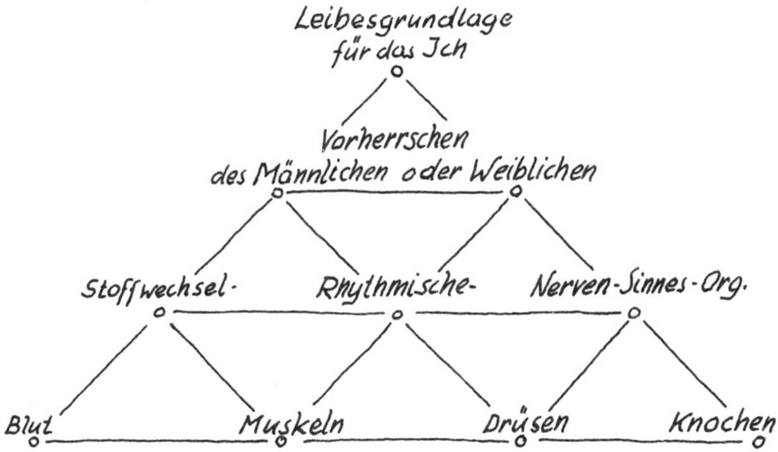

Auf das Gehirn wirken die ätherischen Bildekräfte anders als auf die übrige Organisation. Das Gehirn wird in minderem Maße von Lebenskräften durchpulst. Es verschließt sich dem aufbauenden Leben weitgehend und gewinnt dadurch die Fähigkeit, als Denkorgan zu dienen. Es weist die jugendlichen Kräfte, die den übrigen Leib beleben, zurück. Es ist gleichsam älter, greisenhafter, und ist gerade dadurch geeignet, der Vorstellungstätigkeit zu dienen.

Seneca sagt: »Die Ratio (Vernunft) ist nichts anderes, als ein Teil des göttlichen Geistes, der in den Menschen ergossen ist.«[11] Wenn wir denken und begreifen, dann reflektieren wir, was wir als Gedankenvorrat aus der geistigen Welt mitgebracht haben.

Es kann hier nicht die Aufgabe sein, philosophische Grundlagen darzustellen. Wir folgen hier den Gedankengängen, wie sie Rudolf Steiner in seiner Philosophie der Freiheit ausführlich behandelt. Es wird dort dargestellt, daß die Begriffsbildung als etwas Gesondertes gegenüber den Sinneswahrnehmungen zu betrachten ist.

»Der Begriff kann nie aus der Beobachtung genommen werden.«[10] Wir finden nämlich den Begriff nur *in uns,* nicht in der Welt. *Draußen* in der Welt nehmen wir durch die *Sinne* wahr. Wir verbinden, wenn wir denken, den wahrgenommenen Weltinhalt mit dem in uns sich befindenden Begriff. Die oberste Gruppierung von Begriffen, in die wir alles Seiende zusammenfassen können, zählt Aristoteles in den zehn Kategorien auf.

Woher kommt es dann, daß ein Kind verzögert und unvollkommen Begriffe und Vorstellungen bildet? Es kommt davon, *daß sein Gehirn als Spiegelungsorgan unvollkommen gestaltet ist.*

Wenn also beispielsweise ein Kind an Dysgrammatismus leidet, dann können wir die Ursache in einem solchen Unvermögen suchen. Es kann sein, daß gerade jene Region des Gehirnes, welche für die Begriffsbildung zuständig ist, nicht in der richtigen Art zu spiegeln vermag.

5. Vom Greifen zum Begreifen

Die völlige Durchgestaltung des Gehirnes beansprucht eine viel längere Zeit, als man früher annahm. Das ergeben neuere Forschungen und bestätigen nur, was in der anthroposophischen Heilpädagogik immer schon gewußt wurde.

Bis gegen die Pubertät hin ist das Gehirn noch immer bildbar. Es bleibt damit lange ein hoffnungsvoller Ausblick für eine heilpädagogische Behandlung offen. Ein Kind, das Hindernisse in seiner leiblichen Konstitution vorfindet, darf erwarten, daß noch bedeutende Korrekturen durch eine zielbewußte Behandlung möglich sind, wenn diese aus richtigen, das gesamte Menschenwesen erfassenden Einsichten heraus fließen.

Nach dem Lehrbuch der Inneren Medizin von Denning[12], schließt bei einem Schema der Herdfunktionen die zuständige Stelle für den Satzbau direkt an jene der Hand-Motorik an. Die deutsche Sprache bezeichnet daher nicht zu Unrecht jene Tätigkeit mit Begreifen. *Begreifen und Greifen gehören zusammen.*

Wollen wir diesen Tatbestand in eine heilpädagogische Praxis umwandeln, dann müssen wir Antwort finden auf die Frage: Wie lernt das Kind greifen und begreifen, und *wohin* greift der Mensch, wenn er begreift? Mit anderen Worten: Wie hängt die Geschicklichkeit der Hand mit der Begriffsfindung zusammen?

Wir müssen uns immerhin klar sein, daß wir *Willenskräfte* und nicht Gedankenkräfte aktivieren müssen. Es kommt auf den *Begriffswillen,* auf den *Grammatikwillen* an.

Wer die Grammatik einer Fremdsprache erlernen will, muß sich die Formen gedanklich einprägen. Liegen aber grammatikalische Störungen vor, dann mangelt es nicht bloß an Kenntnissen. Es nützt also nur wenig, wenn man solche Kinder – wie es häufig geschieht – in ein gedankliches Training einspannt. Denn es fehlt an den grammatikalischen Bildekräften, und man darf nicht versäumen, dieses Fundament zu erarbeiten. Es gilt den *Grammatikwillen* anzufeuern und erst in zweiter Linie die Kenntnisse zu ergänzen.

Begriffswillen

Wie entwickeln sich die Grammatik-Bildekräfte? Sie entstehen, wie schon angedeutet wurde, im Zusammenhang mit dem Begreifen. Hierin unterscheidet sich der Mensch ganz wesentlich vom Tier.
Das Tier greift mit dem Maul, und damit ist sein Zugriff an die unmittelbarste Begierde nach Nahrung und Selbsterhaltung gebunden.
Die Hände des Menschen müssen nicht mehr der Fortbewegung dienen, und damit kann der Mensch distanzierter der Nahrung gegenüberstehen. Er führt sie mit seinen Händen zum Mund. Er braucht für seine Selbsterhaltung nicht die Zähne. Er kann mit den Händen Arbeit leisten, und damit treten Kampf und Krieg zurück.
Indem seine Hände die Dinge ergreifen, gewinnen sie noch viel mehr als das Reich ihrer eigentlichen Tätigkeit. Sie sind frei geworden, und da sie dem Mund den Dienst des Greifens abgenommen haben, geschieht zweierlei: Der Mund wird zum Sprechen frei, und in der Tätigkeit des Gehirns verwandelt sich das Greifen zum Begreifen.
So ruht alles Menschsein in dem Göttergeschenk der freien Hände. Sie sind der beredte Ausdruck seiner Freiheit überhaupt.

Solange ein Kind noch Gegenstände zum Munde führt, um deren Beschaffenheit zu erspüren, ist es auch noch vom gedanklichen Begreifen entfernt.
In einer Radierung malte Philipp Otto Runge acht Sternen-Knaben auf Mohnblüten sitzend, in ihrer Mitte die Mutter Nacht. Da deutet er durch die unterschiedliche Haltung der Arme an, wie weit die einzelnen Knaben schon in ihrer Entwicklung vorangekommen sind. Der zweite von links steckt noch beide Hände in den Mund. Der zweite von rechts bedeckt mit den Händen den Kopf. Er vermag schon zu begreifen. Am meisten fortgeschritten wird wohl der erste von rechts sein, der mit den Händen ein Knie umfaßt.
Runge hat hier aus künstlerischer Genialität heraus das Richtige getroffen. Die Entwicklung vom Greifen zum Begreifen geschieht in jener Zeit, in die unsere Erinnerungen nicht zurückreichen. Es ist also wirklich ein Nachtereignis, vor dem Sonnenaufgang des Denkens.

Abb. 5: Philipp Otto Runge: Die Nacht

Wir dürfen, wie gesagt, das Begriffebilden noch nicht als Denkleistung ansehen. Das eigentliche Denken beginnt erst etwa im dritten Lebensjahr.

Welche Tätigkeit liegt überhaupt dem Begreifen zugrunde? Man könnte meinen, daß von einem Tätigsein im Sinne von Bewegen wohl nicht die Rede sein kann. Es besitzt aber der *ätherische Leib* im Kopfbereich eine ganz erstaunliche Beweglichkeit. Seine Bewegungen müssen allerdings solange im Unterbewußtsein bleiben, wie der Mensch noch nicht zur Wahrnehmung seines Ätherleibes gelangt ist. Was ins gewöhnliche Bewußtsein eintritt, ist das Aufleuchten des Begriffes, also nur das *Faktum* der Ätherleibsbewegung. Und dieser Begriffsinhalt ist es gerade, der ihm den Bewegungsakt des Begreifens verdeckt.

Nun müssen wir weiter fragen: *Wohin* greifen wir mit den Ätherarmen eigentlich? Keineswegs greifen wir, wie wir hörten, hinaus in den uns umgebenden Weltenäther, sondern *in unser Gehirn.* Dort befindet sich, gleichsam zusammengerollt, ein Abbild der Weisheit des Weltenäthers.

Man wird sich vielleicht dieser Tatsache besser bewußt, wenn man einen Vergleich sucht draußen in der Natur. Nehmen wir die Blütenknospe des Klatschmohnes, worinnen sich völlig zusammengeknüllt die vollständige Blüte befindet. Wenn die Knospe aufspringt, entfaltet sich die Blüte und glättet sich. Man muß sich fragen, welcher Schneider das Blütenkleid zusammengeknüllt maßgenau verfertigen könnte? Das ist auch nicht der Fall. Die Mohnblüte wird als Ätherform gebildet und dann erst in die Knospe verpackt, wo sie dann allmählich physisch sichtbare Gestalt annimmt.

So wird auch das Gehirn gebildet. Der ganze Weisheitskosmos wird in den zahlreichen Windungen wohlgeordnet zusammengeknotet. Nur entzieht sich nicht nur das Zusammenknüllen, sondern auch das Entfalten unseren Blicken, weil auch dieser Akt in der geistigen Welt verläuft, und zwar unmittelbar nach unserem Tode, wenn sich die Bilder unseres Lebens im Weltenäther auflösen. Und da bei jedem Nervenprozeß die aufbauenden Lebensvorgänge zurückgedrängt werden, und wir sozusagen teilweise sterben, blitzt beim Begreifen immer etwas auf, das am Ende des Lebens erst vollständig geschieht. Es entfaltet sich der Ätherleib des Gehirnes.

So enthalten die Hirnwindungen ein Abbild des Weisheitskosmos, aus dem wir stammen, und wenn wir begreifen, dann greifen wir mit ätherischen Armen in ganz bestimmte Regionen dieser individualisierten zusammengeknoteten Weisheitssphäre und holen uns daraus als Spiegelungen die Begriffe. Unser Gehirn selbst ist eine leibgewordene Erinnerung an die Weisheitssphäre, die wir vor der Geburt verlassen haben. Es enthält nicht mehr die Urbilder des Seins, sondern nur deren Nachbilder, die wir mit den Begriffen fassen.

Obwohl das Kind innerhalb seines Hauptes die verpackten Abbilder der Weltenweisheit mitbringt, muß es doch erst lernen damit umzugehen. Es muß lernen hineinzugreifen in die gebündelte Erbschaft seiner geistigen Vergangenheit. Dies lernt es vom Greifen seiner Hände.

Wenn das Kind geboren wird, sind seine Bewegungen noch gar nicht auf Erdenverhältnisse eingestellt. Die Fähigkeit sich im Schwerefeld der Erde zu bewegen, muß erst im Laufe des ersten Lebensjahres aufgebaut werden. Zu Beginn müssen Bewegungs-Reflexe überwunden werden.

Es soll für unseren Zusammenhang *einer* von diesen Bewegungsreflexen herausgegriffen werden, und zwar der sogenannte unsymmetrische Nackenreflex. Er besteht darin, daß bei einer Wendung des Nackens nach einer Seite zwangsweise sich auch der Arm und das Bein derselben Seite strecken. Gleichzeitig beugen sich Arm und Bein der entgegengesetzten Seite.

Ein solches Bewegungs-Muster müßte, wenn es bestehen bliebe, einer willkürlichen Bewegung sehr hinderlich sein. Man kann sich vorstellen, daß solche Bewegungen nur sinnvoll waren für eine frühe Entwicklungsstufe der Menschheit, als diese sich noch in einem wässrigen Medium bewegte. Können die Reflexbewegungen nicht überwunden werden, dann fehlt den willkürlichen das Fundament.

Das zeigt sich deutlich bei Cerebral-Paresen, bei denen durch eine Hirnschädigung die Reflexbewegung gegenüber der Willkürbewegung die Vorherrschaft gewinnt. Sie hindert vor allem, daß linke und rechte Hand einander berühren können.

Nun bleiben die Bewegungen des Kopf-Ätherleibes noch lange in dieser seitlichen Pendelbewegung, auch wenn keine Hirnschädigung vorliegt.

Es muß sich der Ätherleib das Pendeln allmählich abgewöhnen. Täte er es nicht, dann könnte man keinen Begriff fassen, denn auch hier müssen linke und rechte Seite sich treffen. Es ist für die Begriffsbildung dieser Willensakt erforderlich, sonst träumte der Mensch in einem fort hin und her: Ist es dies oder das? So wie eine Henne ein Körnchen erst mit dem einen, dann mit dem anderen Auge anschaut und zuletzt doch mit dem Schnabel aufpickt, macht es auch unser Begreifen. Wir fassen zuletzt den Begriff mit beiden Ätherarmen und wissen: Das ist es.

Auf diesen Gedankengängen aufbauend, soll eine Übung gezeigt werden, die sich als nützlich erwies, um dem Willensakt des Begreifens anzubahnen. Wir üben damit den Übergang von der Pendel-Bewegung zu der Erden-Bewegung, bei der links und rechts sich berühren.

Das Kind sitzt auf einem Stuhl und wird veranlaßt, den Nacken nach rechts zu drehen und auf seine seitlich weggestreckte rechte Hand zu blicken. Gleichzeitig mit dem rechten Arm streckt es auch das rechte Bein. Linker Arm und linkes Bein sind gebeugt. Dann dreht sich der Nacken nach links und die linken Gliedmaßen strecken sich, die rechten werden gebeugt.
Kinder, welche diese Bewegung nicht ausführen können, müssen geführt werden. Das gelingt leichter, wenn sie auf dem Boden liegen.
Als begleitender Text eignet sich folgendes Sprüchlein. Dabei ist es ganz unwichtig, ob das Kind den Text mitspricht oder nicht.

Ist es dies oder das?
Ist es Ernst, macht es Spaß?
Ist's der Mann, ist's die Frau?
Ist es gelb oder blau?
Ist es rot oder grün?
Immer bin ich mitten drin
und ergreife frisch den Sinn!

Bei den letzten zwei Zeilen springt das Kind auf, schließt seine Beine, klatscht seine Hände zusammen, so daß sich die Handflächen vor der Brust in der Mittellinie treffen.
Dann wiederholt sich der Vorgang, und es klatschen die Hände vor dem Kehlkopf zusammen. Beim dritten Mal werden die Hände vor der Stirne oberhalb der Augen zusammengeführt.
Kann man feststellen, daß die Bewegungsentwicklung im allgemeinen zurückgeblieben ist, dann wird es günstig sein, auch im Hinblick auf das Begreifen, mit dem Kind Bewegungsübungen vorzunehmen. Selbstverständlich wird man mit *heileurythmischen* Übungen dem Kind den allerbesten Dienst erweisen.
Mit *allen* Übungen, die das Greifen trainieren, unterstützt man das Begreifen. Es zieht sich eine unsichtbare Mittellinie zwischen dem Daumen und den übrigen vier Fingern, so daß bei jedem Griff noch

einmal durch das Gegenspiel des Daumens links und rechts sich begegnen.

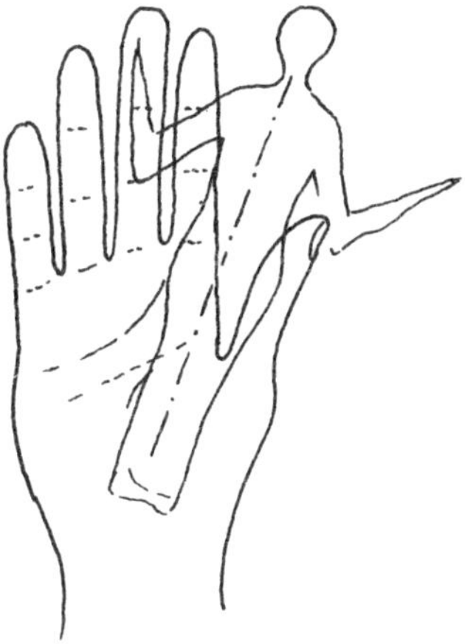

Abb. 6: Die Hand – ein ganzer Mensch

Alle Ballspiele, Stabübungen und Übungen mit Kupferkugeln gehören hierher. Wenn Kupferkugeln fehlen, kann man sich mit Äpfeln oder Orangen behelfen.
Schließlich sei hingewiesen auf eine große Auswahl von Hand- und Fingerspielen, die der Autor selbst in den beiden Büchern »Das Fingertheater« und »Die Finger tanzen«[13] anbietet.

6. Der Grammatik-Tempel

»Alles, was innerhalb des lebendigen Sprachflusses Festigkeit, Dauerhaftigkeit gewährleistet, ist Grammatik«, sagt Erika Dünfort.[14] »Auf ihr als dem tragenden Gerüst beruht jegliche Bewegungsmöglichkeit. Insofern läßt sich die Grammatik mit dem menschlichen Skelett vergleichen. Auch das Maß an Klarheit, wie es zum Verstehen unerläßlich ist, erwächst allein aus ihr.« Sie fährt fort, daß man im Skelett nicht allein das Bild des grauenerregenden Knochenmannes sehen müsse, vielmehr könne das wunderbare Zusammenstimmen der Formen verglichen werden mit der Harmonie eines vollendeten musikalischen Kunstwerkes. Wir vernehmen in der strengen Grammatik wie auch im Bau des Skelettes ein und dieselbe lichtvolle Sprache.

Betrachtet man den Bau des Schädels: ein gewölbtes Haus mit allerlei Öffnungen – Fenstern und Türen, damit die Weltinhalte der Wahrnehmungen hineingelangen. Und unter dem Gewölbe finden jene Prozesse statt, wodurch das Wahrgenommene denkend verarbeitet wird. Als Betrachter stelle ich mich den Dingen und Wesen der Welt gegenüber und nenne sie mit Namen. Hier bin ich und dort das Ding: der Baum, der Wind, die Schwalbe und alles andere, wovon ich weiß, daß es ebenso wirklich vorhanden ist: die Liebe, der Schmerz, das Leben.

Wenn ich wahrnehme und begreife, übe ich eine Tätigkeit aus, die vorwiegend an mein *Haupt* gebunden ist. Insofern traf man mit dem Ausdruck *Hauptwort* das Richtige. Man kam eigentlich durch den Irrtum zur Wahrheit, denn man hielt es für den wichtigsten, hauptsächlichsten Bestandteil des Satzes und schrieb es im Deutschen seit der Mitte des 17. Jahrhunderts groß. Doch als das wichtigste Wort der Sprache erkannten wir das Ich-Wort, das die Engländer mit Recht als einziges groß schreiben. Die sinnlich wahrnehmbaren und gedachten Dinge der Welt werden mit Hauptwörtern benannt. Wir können sie dem Haupt des Menschen zuordnen.

Man sehe auf die Gestalt des Rückgrates hin, wie die Rippenbögen sich nach vorne zum Korb der *Brust* biegen: In diesem Korb atmet die Lunge, schlägt das Herz. Gestalt und Funktion sind ein Bild des Gefühlslebens: wie traurig und heiter die Seele ist, wie sie weint und lacht, wie gut oder schlecht es ihr ergeht, wie licht oder finster ihr die Welt erscheint. Links oder rechts biegen sich die Rippenpaare nach vorne wie Paare gegensätzlicher Eigenschaften. Doch rückwärts in der Mitte steht aufrecht das Rückgrat, damit die Seele sich nicht verliere an das, was traurig ist oder heiter, was licht ist oder dunkel. Der Brustkorb entspricht also in seiner Bildung dem *Eigenschaftswort.*

Unterhalb des Zwerchfelles wird der *Leib* in der Hauptsache zum Träger von Prozessen, bei denen Stoffe aufgebaut und zerstört werden. Leber, Galle, Magen und Darm arbeiten mit den lebendigen Bausteinen, welche die Nahrung liefert. Kein Stein bleibt auf dem anderen, keine Substanz bleibt so, wie sie war. Es wird gekocht und verbrannt, einverleibt und ausgeschieden; doch alles ohne unser Zutun. Völlig passiv müssen wir erleben, was geschieht. Der Leib ist hier ein Gefäß von Tätigkeiten, die wir passiv hinnehmen müssen. Er entspricht damit den *passiven Tätigkeitswörtern*.
Anders wiederum verhalten sich die *Beine*. Sie richten sich zur Tiefe, widersetzen sich der Erdenschwere und tragen den Leib. Sie repräsentieren die *aktiven Tätigkeitswörter*.
Die *Arme* aber, durch das Aufrechtsein der Schwere enthoben, *helfen* alles zu gestalten. Sie sind dazu gemacht, das Schwere zu erleichtern, um denen hilfreich zu sein, die der Hilfe bedürfen. Sie verrichten freilich auch aktive Tätigkeiten: sie hämmern und tragen, sie bauen und pflügen. Doch besteht ihre beste Eigenschaft darin, das alles nur zu tun, um anderen damit zu helfen, und so können sie der leibliche Ausdruck der *Hilfszeitwörter* sein.
Das wäre im wesentlichen das ganze Skelett, bis auf das Glied, welches den Rumpf mit dem Haupt verbindet: den *Hals*. Er enthält das grazilste Stück der Wirbelsäule. Er vermag den Kopf zu neigen und zu wenden. Der Kopf selbst, kaum einer größeren Bewegung fähig, braucht ihn dringend, gleichsam als Diener. Der Hals trägt noch ein Organ in sich, das die Rolle dieser Körperregion noch deutlicher zeigt: den *Kehlkopf*. Er ist das Zentralorgan der Sprache. Da er noch nicht ganz zu knöcherner Festigkeit verhärtet ist, sondern im allgemeinen knorpelig weich geblieben ist, verfügt er über eine Beweglichkeit, so fein und behende wie kein anderes Organ. Er ist verschieden gestaltet bei Mann, Frau und Kind. Wir kennen jene Zusammenhänge, wie sich in der Pubertät die Stimme verändert, wie diese Änderung bei der Kastration nicht eintrifft u. s. f. Kehlkopf und Geschlechtsorgane hängen auf eine intime Weise zusammen.

Im Kehlkopf entstehen die Laute. Gewiß, sie werden im Mundraum erst artikuliert, sozusagen fertig gemacht, ehe sie in den Raum entlassen werden. Doch im Kehlkopf kommen sie so unfertig zur Welt, wie die Menschenkinder auch. Der Kehlkopf ist der Ort, wo die Laute gezeugt und geboren werden. Er verhärtet nicht, bleibt knorpelig weich, und darum kann er Mann, Frau und Kind zugleich sein. Er repräsentiert für die Grammatik die *Geschlechtswörter:* »der«, »die« und »das«.

Mit den *Hauptwörtern* benenne ich, was ich mit Hilfe des Hauptes wahrnehme und denke.

Mit den *Eigenschaftswörtern* stelle ich dar, was ich in der Brust fühle.

Mit *passiven Tätigkeitswörtern* bezeichne ich, was sich mit dem Stoffwechselgeschehen vergleichen läßt.

Mit *aktiven Tätigkeitswörtern* drücke ich aus, was so wirkt wie der Wille in meinen Beinen.

Mit *Hilfszeitwörtern* stelle ich dar, was so in der Welt lebt wie der Helferwille meiner Arme.

Mit den *Geschlechtswörtern* bringe ich sprachlich hervor, was im Hals, im Kehlkopf als Zeugungs- und Gebärkraft lebt.

Bis zu diesen wichtigsten Wortarten führt von der menschlichen Gestalt bis zur Grammatik ein gangbarer Weg. Ihn auf die übrigen Wortarten auszudehnen, erscheint problematisch. Martin Tittmann[15)] hat zum Teil den hier beschriebenen Gedankengang für den Grammatikunterricht verwendet, wobei er anknüpft an eine diesbezügliche Bemerkung Rudolf Steiners.[16)] Dort kam es darauf an, den Kindern Grammatik-Kenntnisse beizubringen. Hier beschäftigt uns die Frage: Wie erlangt man Grammatik-Fähigkeiten?

Der Mensch besitzt im Skelett das Bild der Grammatik – geronnen zu knöcherner Form –, und gleichwohl bildet er im grammatikalischen Sprechen eine vergeistigte Skelettform aus.

Wie kommt es zu diesem Einklang? Die ganze Sprache, somit auch die Grammatik, stehen in einer eigentümlichen Beziehung zur gesamten menschlichen Gestalt. Sprache im eigentlichen Sinn kann nur der Mensch hervorbringen. Mit ihr besitzt er das Menschlichste überhaupt, die Krönung seines Daseins. Ohne sie wäre er in Einsamkeit gekapselt. Die wunderbarsten Gedanken gingen ungesagt unter, die besten Taten blieben ungetan. Es ist, als ob die Menschenbildung auf dieses Ziel hin geschaffen wäre, als ob Organ um Organ sich so entwickelt hätte, daß schließlich ein Wesen hervorging, dessen höchste Frucht diese Leistung enthielt.

Andererseits bringt es der Mensch nie bis zur Formvollendung des Tieres. Unfertig, und darum so hilflos, kommt er zur Welt. Er benötigt die vielen Jahre seiner Kindheit und Jugend, um einigermaßen lebenstüchtig zu werden. Man sieht, er ist nicht das hervorragendste Säugetier, keineswegs das Endglied tierischer Entwicklung, ganz im Gegenteil.

Seiner Unfertigkeit ist es nämlich zu verdanken, daß er zum Sprechen fähig wurde, und damit auch zum Denken und zum sozialen Handeln. Die Komposition Mensch war offensichtlich auf *dieses* Finale geistiger Entwicklung hin angelegt. Es wurde bei jeder Organbildung etwas zurückbehalten, was *nicht* zu einer kompakten, endgültigen Form führte. Nirgends am Menschen bildeten die schöpferischen Mächte etwas so Formvollendetes wie einen Flügel, eine Flosse, eine Schlangenwirbelsäule. Aber aus der Summe des Unvollendeten am Menschen bildete sich die Sprache. Selbst das Skelett blieb unvollendet. Und was beim Skelett nicht feste Form annahm, was als geistige Kraft zurückbehalten wurde, konnte Grammatik werden. Darum liegt der Grammatik wie dem Skelett ein und derselbe Bauplan zugrunde.

So ist überhaupt der ganze Mensch für die Sprache gestaltet und die Sprache trägt Menschengestalt.

Alles was der Mensch an Kulturprodukten hervorbringt und jemals hervorbrachte, gestaltete er nach dem eigenen Bauplan. Mehr oder minder unbewußt kommt in Bauten und Bildern immer wieder seine eigene Gestalt zum Vorschein. Wir erblicken die Menschengestalt in den Felsgravierungen des Neolithikums.

Abb. 7: Felsgravierungen, nach Burgstaller[17]

Die Grundrisse romanischer und gotischer Kathedralen wurden als Abbilder des menschlichen Urbildes gestaltet. In einer Handschrift in einer florentinischen Bibliothek fand sich eine Skizze, in welcher die menschliche Gestalt als Modell des Kirchenplanes dargestellt wird.[18]

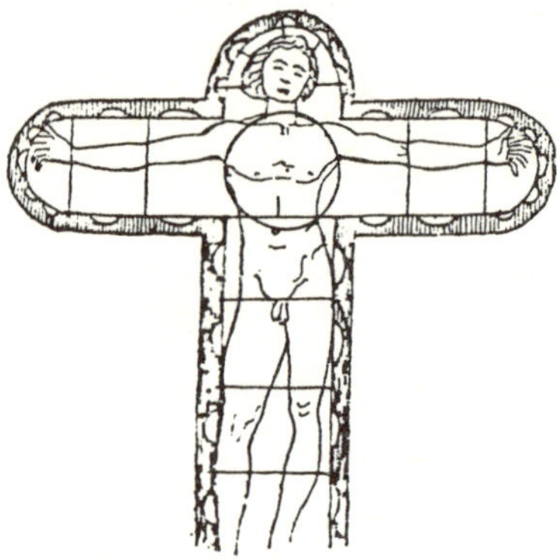

Abb. 8: Die menschliche Gestalt als Modell des Kirchenplanes[18]

Man pflegte an den Triumphbogen italienischer Kirchen des 12. und 13. Jahrhunderts gemalte Kruzifixe aufzuhängen. Das Kreuz wurde hier selbst zur Bildtafel und damit zu einer geometrischen Figur, die an den Grundriß einer Kirche erinnert.

Abb. 9: Tafelbild

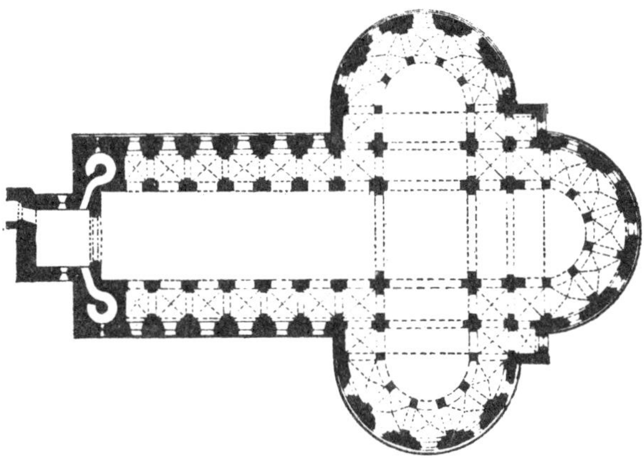

Abb. 10: Grundriß der Kirche St. Maria im Kapitol zu Köln; um 1050. Frühestes Beispiel der Verbindung von Lang- und Zentralbau durch den sogenannten Kleeblatt- oder Dreikonchenchor, Vorbild für mehrere Kirchen der klassischen Stufe der späten rheinischen Romanik.

In vielen Ländern der Erde wird ein Kinderspiel gespielt, das man bei uns als Himmel und Hölle oder als Tempelhüpfen kennt. Die Kinder ritzen eine Figur in den Boden oder zeichnen sie mit Kreide auf den

Asphalt. Nun nimmt der Spieler einen Stein, wirft ihn in das erste Feld, hüpft hinein und erreicht allmählich mit Wenden und Hüpfen den Himmel.

Abb. 11: nach Kampfmüller[19)]

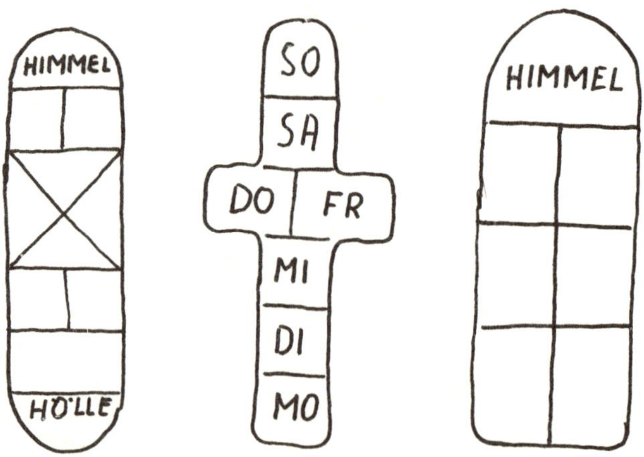

Abb. 12: Tempelhüpfen

Das Spiel läßt sich leicht für unseren Bedarf auf die Grammatik anwenden. Wir wählen zuerst den einfacheren Tempel, zeichnen ihn auf den Boden und zeigen dem Kind, ohne besondere Erklärung, wie gehüpft wird.

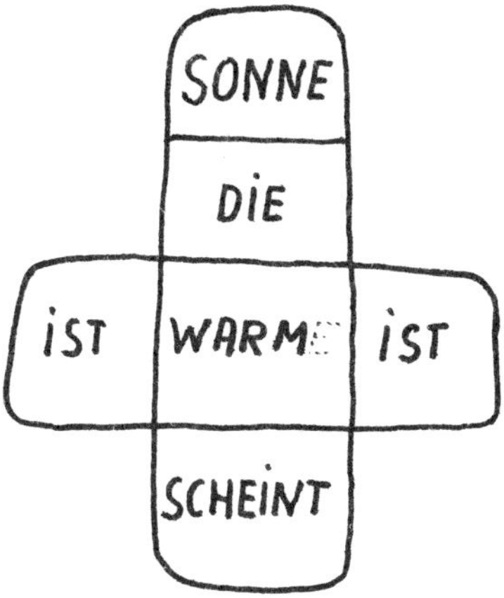

Abb. 13: Grammatik-Tempel

Es werden drei Sätze gehüpft:

1. Die Sonne scheint.
2. Die Sonne ist warm.
3. Die warme Sonne scheint.

Und nach diesem Muster können alle möglichen Sätze gebildet werden.

1. Der Hund bellt.
2. Der Hund ist treu.
3. Der treue Hund bellt.

Wenn diese Form des Grammatik-Tempel-Hüpfens bereits gelingt, darf das Kind den größeren Tempel betreten.

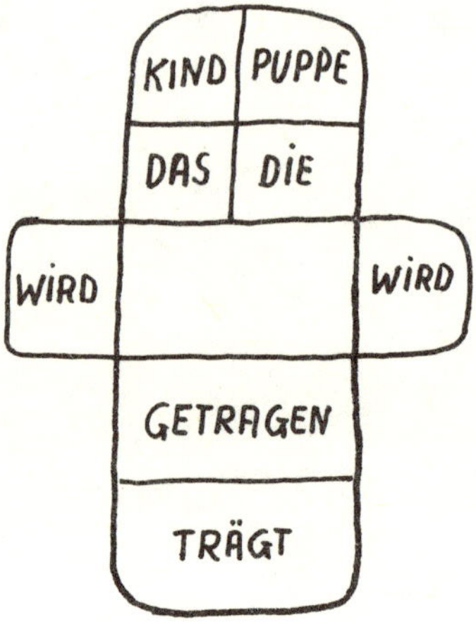

Abb. 14:
Der größere
Grammatik-Tempel

Bei diesem wird die aktive und passive Form des Zeitwortes unterschieden. Und dieser Unterschied soll vorher hüpfend eingeübt werden.

1. Das Kind trägt die Puppe.
2. Die Puppe wird getragen.

Gelingt das, dann darf auch das Mittelfeld betreten werden, in dem das Eigenschaftswort zu Hause ist.

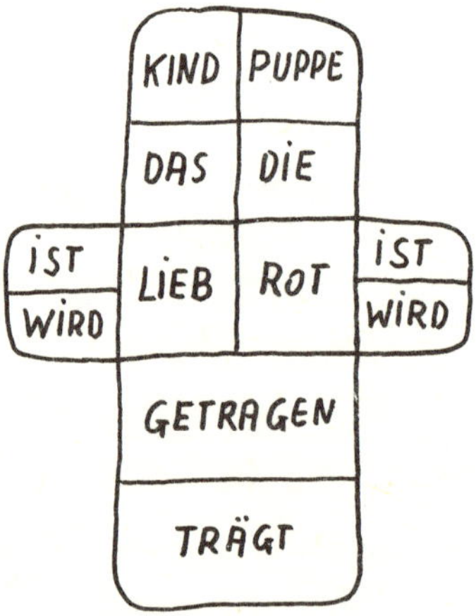

Abb. 15:
Der größere
Grammatik-Tempel
wird zur Gänze
betreten

1. Das Kind trägt die Puppe.
2. Das Kind ist lieb.
3. Die Puppe ist rot.
4. Das liebe Kind trägt die rote Puppe.
5. Die rote Puppe wird getragen.

Man wird erstaunt sein, wie schnell die Kinder das Spiel und seine Regel begreifen. Es kommt aber schließlich nicht darauf an, ob das Kind immer weiß, wohin es zu hüpfen hat. Selbst wenn wir ihm jedes Feld zeigen müssen, wird das Spiel seine Wirkung nicht verfehlen. Wir verbleiben immer im nachahmenden, unbekümmerten Spiel.

Später kann das Kind auch am eigenen Leib den grammatikalischen Ort des betreffenden Wortes zeigen. Diese Körpergrammatik eignet sich vortrefflich zum Vorzeigen und Nachahmen zwischen Erwachsenem und Kind. Im engen Schulraum und bei lärmempfindlichen Nachbarn läßt sich die Hüpfübung nicht immer durchführen, obschon wir sie fürs erste vorziehen und dabei achten, daß die Kinder wie Eichkätzchen und nicht wie Elefanten hüpfen.

Die Körpergrammatik eröffnet den Weg auch zu komplizierteren Sätzen. Nehmen wir als Beispiel ein Kindergedicht aus »Bli, Bla, Blu«.[20)]

1. Wo ein Wille, dort ein Weg.
2. Wage in die Weite!
3. Übern Abgrund führt der Steg.
4. Herzensmutig schreite!
5. Sonne sendet ihren Strahl
6. hin zu Blatt und Blüte,
7. wendet sich ins tiefste Tal,
8. wärmt auch mein Gemüte.

1. *Wo,* als Fragewort, wäre so darzustellen: Man bebt ein wenig mit den Händen, deren Flächen man nach oben wendet.
   Ein, als unbestimmter Artikel, kann wie das Geschlechtswort am Hals gezeigt werden,

Dort: Man streckt den Zeigefinger und zeigt auf einen gedachten Weg.

Wille und *Weg* werden natürlich als Hauptwörter am Haupt gezeigt.

2. Bei *Wage* klatscht man auf den Oberschenkel.

   In: Man zeigt irgendwo hin.
3. So zeigt man auch *übern,* indem man andeutet, wie das Wort von einer Seite zu einer anderen führt.
4. *Herzensmutig:* Die Hände sind über der Brust gekreuzt.
5. *Ihren,* ein besitzanzeigendes Fürwort: Man zeigt auf sich.
6. *Hin zu:* Man zeigt schräg von oben herab und macht bei *zu* gewissermaßen einen Punkt.

   Und, Bindewort: Beide Hände fassen sich. Stehen die Kinder im Kreis, dann geben sie einander die Hände.
7. *Sich:* Auf sich zeigen.
8. *Auch,* Bindewort: Wieder die Hände fassen.

   Mein: Auf sich zeigen.

So läßt sich auch eine komplizierte sprachliche Form darstellen. Allerdings zeigt sich, je verschlungener sie wird, um so mehr kommt man an die Grenzen des Verfahrens, denn die Sprache reißt sich wieder los von den leiblichen Beziehungen.

7. Die moralische Wirkung der Wörter

Grammatik bildet das Knochengerüst der Sprache, ist aber, wie die Knochen auch, keineswegs etwas Totes. Als Lateinschüler lernte man zwar ihre Härte kennen, und das Denken fügte sich nicht immer gern den beinharten Normen, durchquert von zahllosen Ausnahmen, durch die jede Logik ins Hintertreffen geraten mußte. Wo wäre da ein Leben zu finden?

Beim Hauptwort spricht man von der Deklination, der Beugung in die vier Fälle.

Im 1. Fall erscheint der reine Name – der *Nominativ.*

Der 2. Fall bezeichnet die Abstammung – der *Genetiv*. Im Nominativ können wir sozusagen den Vater erblicken, im Genetiv seinen Sohn.
Der 3. Fall, der *Dativ* oder Gebefall, ist wie eine Mutter, die immerfort zu geben hat. Sie schenkt *dem* Kind das Leben, sie reicht *ihm* die Brust, sie gibt *ihm* Brot.
Der 4. Fall heißt lateinisch Akkusativ, zu deutsch Anklagefall. Man klagt *den* Menschen an, man verurteilt *ihn* und führt *ihn* ins Gefängnis.
Es steckt eine tiefe Weisheit in diesen Bezeichnungen. Das Hauptwort erfährt in seinen vier Fällen wirklich einen Sündenfall. Man spricht mit Recht von der Deklination, der Wegbeugung oder Herunterbeugung des Hauptwortes. Im ersten Fall erscheint es noch wesensgleich mit dem Vater und trägt als Nominativ seinen Namen. Im zweiten Fall stammt es von ihm ab als Genetiv. Den dritten Fall gibt ihm seine Mutter, im vierten Fall wird es schuldig angeklagt.
Was bleibt ihm übrig, als in Demutshaltung zu verharren, damit es durch die *Devotion* wieder zum Vater, dem es entstammte, zurückfindet?
Da leuchtet immer, wenn wir ein Hauptwort sprechen, aus der geistig-moralischen Welt ein Strahl herein, der uns zur Ehrfurcht mahnt. Wir sind uns in der Regel dessen nicht bewußt, wie heilsam – moralisch heilsam – die Sprache wirkt.
Wir kümmern uns um die Sprache so wenig wie um die Luft, die uns umgibt. Sie würde uns aber furchtbar fehlen, wenn sie nicht vorhanden wäre. Es fließt mit jedem Sprechen ein sanftes, uns unbewußtes, moralisch-heilsames Wirken in die Seelen ein.
Das *Eigenschaftswort* besitzt eine andere moralische Qualität. Es läßt sich steigern: Hell – heller – am hellsten, so leuchtet die Sonne bei ihrem Aufgang. Es gibt gute Freunde, bessere Freunde und beste. Auch in die dunkelsten Schattenseiten des Seins werden wir durch das Eigenschaftswort geführt, in die tiefsten Tiefen, die höchsten Höhen, Leiden und Schmerzen kennen Steigerungen, und das Herz weitet sich, fühlend die Grenzenlosigkeit alles Seins. Das Ei-

genschaftswort führt uns aus dem Eigensein hinaus zu Eigenschaften der Dinge und Wesen. Fühlend diese Eigenschaften entreißt es uns der egoistischen Enge durch die *Steigerungsfähigkeit.*

Ein anderes moralisches Vorbild liefert das *Tätigkeitswort.* Es läßt sich abwandeln. Seine Wandlungsfähigkeit ist groß. Es verändert sich mit der Zeit, darum heißt es auch Zeitwort. »Ich *liebe* gegenwärtig. Ich *liebte* schon immer und *habe* schon vor vielen Jahren *geliebt*«.

Dann gibt es starke Tätigkeitswörter, die heißen so, weil sie eine noch stärkere Verwandlungskraft besitzen. Ich *bringe* das Geschenk. Als ich es gestern *brachte,* war die Tür verschlossen. Ich hätte es schon lange *gebracht*, wenn nicht ...«

Diese Wörter bringen zum Ausdruck, daß eine Tätigkeit eine andere wird, wenn man sie zu einer anderen Zeit verrichtet. Manche Tätigkeitswörter ändern ihren Klang auch nach der Person, die etwas tut. Es ist ein Unterschied, wer von uns z. B. der Gebende ist. »Ich g*e*be und du g*i*bst, er g*i*bt, aber wir alle g*e*ben.« So sehen wir im Tätigkeitswort vorbildlich eine andere Tugend, die der *Wandlungsfähigkeit.* Denn wer zu einem geistigen Ziele wandert, der muß sich wandeln. »Ändert euren Sinn« rief der Täufer. Die moralischen Vorbilder zu diesem Ändern können wir in den Tätigkeitswörtern erblicken.

Unter den Wortarten heben sich deutlich Hauptwörter, Zeitwörter und Eigenschaftswörter als die drei wichtigsten heraus, weil sie, wie Humboldt sagt, am stärksten dazu beitragen, »die Welt in das Eigentum des Geistes umzuschaffen«. Sie verfügen über einen Reichtum der Formen, der sich bei näherem Hinschauen als ein moralischer Reichtum erweist.

Wir haben innerhalb der strengen grammatikalischen Formen nach einem Leben gesucht und fanden lichtvolles, tugendhaftes Geistesstreben. Das Wesen der Sprache erweist sich ganz menschen- und geistgemäß.

8. Der Satz wächst wie eine Pflanze

Unter den deutschen Dichtern gab es einen Meister der grammatikalisch verschlungenen Prosa, das ist Jean Paul. Ein Beispiel aus einem seiner Romane:

»Als Firmian in der Osterwoche von einer halbstündigen Lustreise voll Gewaltmärsche heimkam, fragte Lenette, warum er nicht eher gekommen, der Briefträger wäre mit einem breiten Buche dagewesen.«

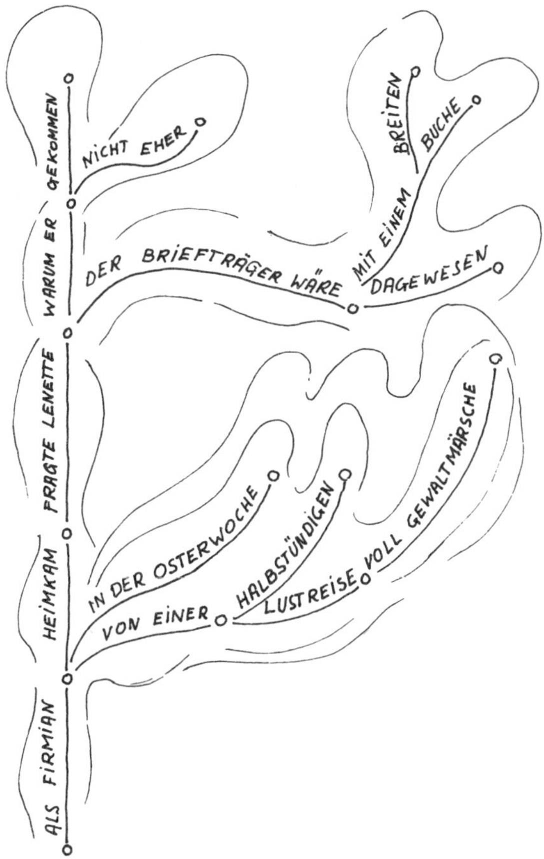

Abb. 16: Die Satzranken

Der Hauptsatz heißt: »... fragte Lenette«. Wie und unter welchen Umständen sie fragte, das drückt sich in den vielen Verzweigungen aus, von denen manche Ranke fehlen könnte, ohne daß der Sinn beschnitten würde, wohl aber der Humor. Man sieht, wie der Satz sich rankt und verzweigt und wie auf den Satzranken sich Wörter ansetzen. Man begreift den Inhalt eines Satzes und fliegt, gleichsam wie eine Biene, von einer Wortblüte zur nächsten, die am Satzgezweige sproßt. Wort wird mit Wort verbunden, und die Gedanken werden hingelenkt zu den Begriffen, welche durch die Wörter bezeichnet werden.

Das Satzgefüge läßt sich empfinden wie ein Lebendiges, mit dessen Leben wir uns atmend verbinden. Der Atem wird durch die Satzform

Abb. 17: Das Bronchialsystem als Baum. Das Herz erscheint wie die Sonne in seiner Krone.

veranlaßt an- und abzuschwellen, sich zu beschleunigen und zu verzögern. An manchen Stellen hält er leicht inne, bei anderen ist eine Pause erlaubt, um erneut Atem zu schöpfen. Das gesamte Atemleben stellt sich in den Dienst der Satzbildung. *Man atmet den Satz*. Die Satzpflanze wächst empor als eine Bildung, die sich auch dem Lungenleben losringt. Man setzt aus der Organisation seines Leibes ein Seelengebilde heraus, das dem Lungenleben ähnlich sieht. Im Inneren des Leibes befindet sich der Bronchialbaum mit seinen vielfältigen Verzweigungen. Auf dem nach außen geatmeten, sich verzweigenden Satz hängen die Wörter ähnlich wie Blüten. So hängen am Bronchialbaum die Lungenbläschen, in deren Kapillaren der Gasaustausch mit dem Blute erfolgt.

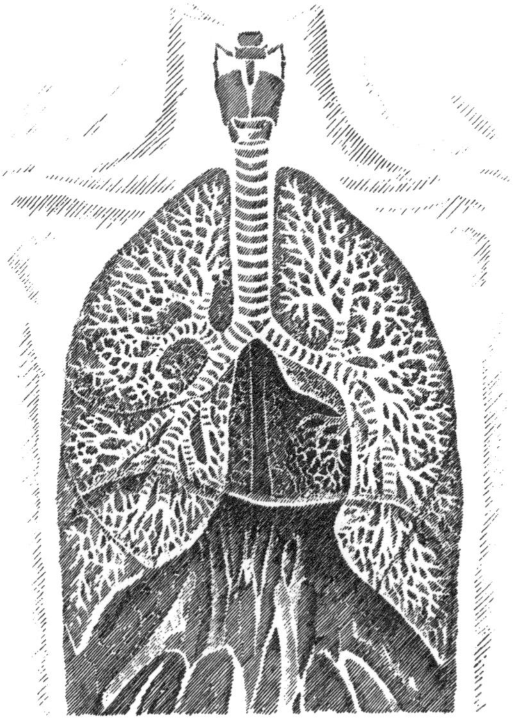

Abb. 18: Der Bronchialbaum nach L. Vogel[20)]

Auf den Wogen des strömenden Atems tönt bei jedem Satz ein *musikalisch-melodisches* Element mit, ein mehr oder minder verhaltenes Singen.

Die *Satzmelodie* begleitet das Sinngebende der Aussage. Dieses traumhafte, halbbewußte Element der Rede erweist sich als wirksamer als der eigentliche Gedankeninhalt der Rede. Das ist eben der Ton, der die Musik macht, der emotionale Untergrund.

Es kommt auf die Satzmelodie an beim Befehl: Max, arbeite! Oder man fragt: Arbeitet Max? und es kommt die Antwort: Ja, Max arbeitet.

Betont man die Satzmelodie, dann prägt sich die rein syntaktische Struktur schneller dem Gedächtnis ein. Diese Tatsache kann eine Hilfe sein bei grammatikalisch behinderten Kindern. Als Beispiel zwei reizvolle Szenen aus dem Rotkäppchen:

»Guten Tag, Rotkäppchen«.

»Schönen Dank, Wolf.«

»Wo hinaus so früh, Rotkäppchen?«

»Zur Großmutter.«

»Was trägst du unter der Schürze?«

»Kuchen und Wein.«

»Rotkäppchen, wo wohnt deine Großmutter?«

»Noch eine gute Viertelstunde weiter im Wald, unter den drei großen Eichbäumen, da steht ihr Haus, unten sind die Nußhecken, das wirst du ja wissen.«

Der Wolf fragt, das Rotkäppchen antwortet.

Immer bei den Fragen des Wolfes, hebt man die Stimme und läßt sie anschwellen. Durch das allmähliche Lauterwerden gewinnen die Fragen etwas unheimlich Drohendes.

Ähnlich läßt sich die zweite Szene gestalten.

»Ei, Großmutter, was hast du für große Ohren!«

»Daß ich dich besser hören kann.«

»Ei, Großmutter, was hast du für große Augen!«

»Daß ich dich besser sehen kann.«

»Ei, Großmutter, was hast du für große Hände!«
»Daß ich dich besser packen kann.«
»Ei, Großmutter, was hast du für ein entsetzlich großes Maul!«
»Daß ich dich besser fressen kann!«

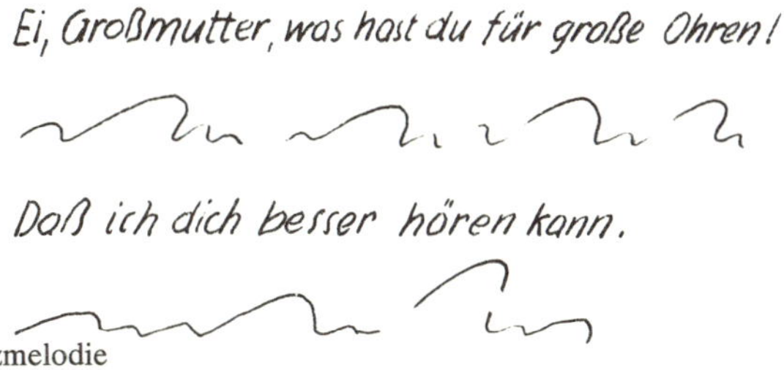

Abb. 19: Satzmelodie

Was Rotkäppchen spricht, sind keine eigentlichen Fragen, es sind Ausrufe der größten Verwunderung. Sie trifft nicht das an, was sie erwartet hatte. Ihre Stimme geht lebhaft auf und ab.
Bei jeder Rede klingt ein mehr oder minder verhaltenes musikalisches Element mit. Die Stimme erhebt sich nie zum reinen Gesang, sie bleibt bescheiden im Hintergrund, um der gliedernden Atemtätigkeit, und damit dem gedanklichen Sinn, den Vorrang zu belassen.
So entstehen, indem sich die menschliche Atemtätigkeit zu syntaktischen Formen vergeistigt, Gebilde, die mit Pflanzen vergleichbar sind. Es gibt Hauptsätze wie Grashalme, kurz und unverzweigt, dann wiederum Sätze, die sich wie Sträucher oder Bäume verästeln. Immer aber tönt in den Bildungen das verhaltene Singen der Satzmelodie.

Es lebt die *Seele* des Satzes im wogenden Atem und in seiner Melodie.
Der grammatikalische *Leib* der Sprache trägt die Struktur des menschlichen Skelettes.
Der *Geist* der Sprache zeigt sich in den Tugenden der drei wichtigsten Wortarten:
Hauptwort – Devotion

Eigenschaftswort	–	Enthusiasmus, Steigerungsfähigkeit
Zeitwort	–	Wandlungsfähigkeit

9. Sprechen und Denken

Wenn wir etwas mitteilen, kommt es uns am wenigsten darauf an, welche Wörter wir verwenden und wie wir die Sätze formulieren. Wir wollen vielmehr den gedanklichen Inhalt möglichst prägnant, verständlich ausdrücken.

Es laufen Denken und Sprechen gleichzeitig nebeneinander ab. Da das Sprechen weitgehend automatisch geschieht, so kann die wache Aufmerksamkeit ganz auf das Denken hingerichtet werden. Das Sprechen begleitet somit den Denkvorgang wie ein Traum. Wir wachen für das Denken und verträumen eigentlich die Vorgänge der Artikulation, der Wortwahl und Satzbildung. Nur selten kommt uns die bedrängende Frage: *Wie* soll ich es sagen? In solchen Situationen taucht im Bewußtsein der Sprechvorgang selber plötzlich auf. Beruhigung tritt erst ein, wenn der Sprachfluß wieder wie selbstverständlich dahinströmt und das Interesse sich ungestört auf die Lichtspur des Denkens richten kann.

Es weisen aber die Lautelemente der Sprachen darauf hin, daß in der Frühzeit der Menschheitsentwicklung das Verhältnis von Denken und Sprechen ein anderes war. Heute noch verraten die Wörter, daß sie Bilder waren, tönende Gesten, die hindeuten auf das Gemeinte. Nehmen wir das Wort *Regen.*

Der Regen, ein gemeingermanisches Wort, althochdeutsch *regar,* gotisch *rign,* hängt wahrscheinlich mit dem Verb »regen«, »sich bewegen«, zusammen.

Ursprünglich bedeutete es nur »sich nach oben bewegen«, sich aufrichten, sich recken«. Das Wort stammt von der indogermanischen Wurzel *reg-*»aufrichten, recken, geraderichten«.

Zu dieser Wurzel gehören zahlreiche andere indogermanische Wörter, wie lateinisch *regere* »geraderichten, lenken, regieren«. Lateinisch *rex,* altirisch *reg,* »König«, sowie die Wörter: *recht, richtig, Gericht.*

Alle diese Wörter beinhalten die ichhafte, aufrechte Bewegung: Es wird das R, welches das rhythmisch immer wiederkehrende Sichbewegen ausdrückt, verbunden mit dem Ich-Wort: deutsch *ich,* gotisch und niederländisch *ik,* lateinisch, griechisch und indogermanisch *ego.*

Man sieht den sprachgeschichtlichen Weg des Ich-Namens von *ego* über *ik* zu *ich.* Der Ich-Name hinterläßt in manchen Wörtern Spuren. Bei REGEN ist noch das uralte EGO zu finden, bei RECKEN schon das IK und bei RICHTIG bereits das ICH.

Und nun das Wort: der Regen:

R Rhythmisch immer wieder fallen die Tropfen. Man hört die Regsamkeit des Regens, wenn er auf die Blätter der Bäume trommelt. Der Regen spricht selber fortwährend ein R.

E Nun schließen sich an das R die Laute an, die besagen, daß die Bewegung des Fallens der Tropfen als eine wesenhafte empfunden wurde. Man erlebt den Regen nicht als eine meteorologisch zu beschreibende Naturerscheinung, sondern als ein geistiges Wesen, welches, wie der Mensch, ein Ich besitzt. Mit dem E wird die herzhafte Stimmung ausgedrückt, sich selber zu finden.

G Man fühlt, es ist für die Ichheit notwendig, das Erdige wegzuschieben. Das Ich muß sich Platz verschaffen. Indem das Ich den Willen anstrengt, wird es erlöst von der Erdenschwere und kann die Gestalt des Menschen aufrichten. So tut auch der Regen: Er kommt mit den Wolken daher und richtet alles Lebendige, das welk geworden ist, wieder auf.

E Nun kehrt die vorige Stimmung wieder. Der aufgerichtete Mensch fühlt noch einmal sein Herz, denn es erfordert das Aufrichten seinen ganzen Mut.

N Oft erscheint in den indogermanischen Sprachen am Ende der Wörter das N. Es führt zum Bewußtsein, was in der vorangehenden

Lautreihe geschildert wurde. Es besagt, daß man nun wisse: Es ist so. Der Regen kommt wie ein Regent ins Land; er macht alles zurecht, was unrichtig ist. Er richtet alles auf.

Wie man sieht, das Wort erzählt eine Geschichte, die besagt, was der Regen tut.

In jenen Zeiten waren folglich Denken und Lautbildung nicht getrennt. Die Wörter enthielten mit Lauten gemalte Bilder der Welt und der Empfindungen.

Irgend einmal war wohl die Fähigkeit, Lautbilder zu verstehen, dahingeschwunden, und etwas anderes mußte an ihre Stelle treten. Das war die Grammatik.

Nun lief der Gedankenfaden den Satzmustern entlang, verwob sich in Wortflexion und führte so zum Ziel des menschlichen Verstehens. Die Kategorien der Wörter und des Denkens deckten sich vollständig, so daß sich Denkakt und Sprechakt kaum unterschieden.

Heute hat sich das Denken weitgehend emanzipiert. Das intellektualistische Bewußtsein mußte die Wortgebundenheit abschütteln. Sonst hätte die zivilisierte Menschheit nie den hohen Grad von Selbständigkeit erreicht, und diese verdankt sie dem Denken. Die Sprache mußte zurücktreten von der einstigen Aufgabe, das menschliche Denken von Bild zu Bild zu lenken. Heute dient die Sprache der bloßen Information. Sie bedeutet nichts für sich selbst. Ihr fällt allein die Aufgabe zu, Gedanken zu befördern. Sie leistet gleichsam Botendienste für das Denken. Leider hat sie damit auch ihre Poesie eingebüßt, den Schönheitsglanz, der heute nur noch manchmal, besonders in Dialekten, lebhaft den Alltag erfrischt. Als reines Informationsmittel ist sie wirklich zum Signalsystem geworden.

Die Sprachen verarmten zusehends. Würde die Entwicklung so weiter laufen, der Mensch müßte unendlich viel verlieren – sein Bestes – die Krönung seines Menschseins.

Was könnte die Sprache und mithin die menschliche Würde retten? Es müßte die Hilfe vom Denken kommen, von einem Denken allerdings, das sich vom toten Intellekt zu einer freien Lebendigkeit erhebt. Man studiere z. B. die moderne Grammatik, die Rudolf Steiner im »Anthroposophischen Seelenkalender« gebraucht.[21] Da übernehmen die lebendigen Ideen die Führung und geben der Sprache die Kraft zu neuer Schönheit und Mächtigkeit.

Einmal mußten sich Denken und Sprechen voneinander trennen. Das Denken durfte nicht immer, sollte es frei werden, am Gängelband der Sprache hängen bleiben. Ungebunden von grammatikalischen Formen, vor allem aber ungebunden von Parolen und Werbeschlagworten soll es den Menschen zur Selbständigkeit führen.

Ein freies Denken wird auch der Sprache keinen Zwang mehr antun. Sprechen und Denken werden sich ergänzen in ihren königlichen Aufgaben.

Wir haben in diesen Betrachtungen dargestellt, wie die Fähigkeit des richtigen Sprechens sich in das Kind einlebt. Wenn wir dieses Einleben unterstützen, helfen wir mit, ein Götterwerk zu vollenden. Denn unvollendet kommt der Mensch zur Welt. Die Natur läßt ihn im Stich. Nur im Geistigen kann er eine Vollkommenheit erstreben.

Wir Erwachsenen müssen Auferwecker werden für das lebendige *Erbe,* welches das Kind mitbringt aus der Zeit vor seiner Geburt. Dadurch wird es fähig, Begriffe zu bilden und sie grammatikalisch auszudrücken.

Das Erbe liegt bei manchen Kindern verschlossen und versiegelt. Sie dringen nicht zu ihrem Reichtum vor. Sie bedürfen unserer Einsicht und Hilfe, die vorhandenen Schätze an den Tag zu bringen. Eine Anregung dazu möchte diese Schrift sein.

Zusammenfassung des Inhaltes

1. Normale und pathologische Entwicklung der Sprache

Es gibt Kinder, die verspätet lernen, grammatikalisch richtig zu sprechen. Dabei fällt auf, daß ihnen nicht die sinnlich wahrnehmbaren

Begriffe fehlen, sondern vorwiegend die »kleinen Wörter«, die der Sprache Struktur verleihen.
Das Kind lernt, von den grammatikalischen Formen gelenkt, das Denken.

2. Vom Ich-Sagen der Kinder

Das Kind sagt zu sich Ich, sobald es eine Vorstellung von seinem Ich bekommt. Das tritt dann ein, wenn das Gehirn reif geworden ist, das Ich zu reflektieren. Das Ich-Wesen wirkte aber schon vor diesem Augenblick. Es entfaltete seine Genialität beim Erwerb von Gehen, Sprechen und Denken.
Das Ich-Wort bezieht sich auf alle übrigen Wörter. Es ist das Wort aller Wörter.
Echte Selbsterkenntnis kann nicht bei der bloßen Ich-Vorstellung stehenbleiben. Man nähert sich einer solchen, wenn man sein Leben nach Schicksalskategorien betrachtet.

3. Das Begreifen der Welt und die Wörter

Was nicht begriffen wird, ist nicht sagbar. Doch kennt ein Kind in der Regel höchste »abstrakte« Begriffe, längst bevor es über einige Erfahrungen verfügt.
Die Kategorien, zehn Grundbegriffe alles Seins, sind in der Grammatik enthalten. Aus diesen empfängt das Kind die Anregung zum Denken. Die Ideen stammen aus der vorgeburtlichen Geisteswelt. Das Kind »erinnert« sich an diese, wenn es sprechen lernt.

4. Die Begriffe und das Reich der Urbilder

Die hauptsächliche Ursache für den Dysgrammatismus liegt in einer Schwäche der Begriffsbildung.
Das Kind bringt aus der Zeit vor seiner Geburt aus dem lebendigen

Weltenäther seinen Ätherleib mit. Dieser wird zum Träger der Gedanken. Der Mensch holt während des Erdenlebens niemals Gedanken aus dem Weltenäther, sondern aus seinem eigenen Ätherleib. Das Gehirn spiegelt die innerhalb des ätherischen Leibes vorhandene Intelligenz und bildet so Vorstellungen und Begriffe. Ein unzulänglich gestaltetes Gehirn vermag, gleichsam als Gefäß, die Vorstellungen und Begriffe nur unzulänglich zu fassen.

5. Vom Greifen und Begreifen

Greifen und Begreifen hängen nicht nur nominell zusammen. Zum Greifen mit den Händen ist, wenn man von unwesentlichen Ausnahmen im Tierreich absieht, nur der Mensch fähig. Das Tier greift mit dem Maul. Der Mensch verdankt die freie Beweglichkeit der Hände dem aufrechten Gang. Dadurch kann sich ein verfeinertes Greifen in das Gehirn hinauf verwandeln: das Begreifen.
Beim Begreifen bewegt sich der Ätherleib.

6. Der Grammatik-Tempel

Der menschlichen Gestalt und der Grammatik liegt derselbe Bauplan zugrunde. Es hängen die Bildungen zusammen:

Kopf	–	Hauptwort
Brust	–	Eigenschaftswort
Bauch	–	passives Tätigkeitswort
Beine	–	aktives Tätigkeitswort
Arme	–	Hilfszeitwort
Hals	–	Geschlechtswort

Daraus ergeben sich Übungen: die Körpergrammatik.

7. Die moralische Wirkung der Wörter

Jede Wortart repräsentiert eine bestimmte Tugend:
das Hauptwort die Devotion,
das Eigenschaftswort die Begeisterung und den Altruismus,
das Tätigkeitswort die Wandlungsfähigkeit.

8. Der Satz wächst wie eine Pflanze

Am Beispiel eines verschlungenen Satzes wird gezeigt, wie das Satzgebilde ähnlich einer lebendigen Pflanze sich rankt. Damit vergeistigt der Mensch, was als Bildungstendenz in dem Bauplan der Lungenorganisation lebt. Die Satzform wird vom musikalischen Akzent mitgestaltet. Die »Satzpflanze« wird von einer verhaltenen Musik durchtönt.

9. Sprechen und Denken

Die Menschheit wurde von der Grammatik zum Denken geführt. Die Grammatik hat diese Aufgabe erfüllt. In der gegenwärtigen Entwicklungsstufe der Menschheit muß ein lebendiges Denken der Grammatik wieder neue Kräfte zuführen.

Literatur

1. Georg Kühlewind, Das Gewahrwerden des Logos, Verlag Freies Geistesleben, Stuttgart 1979
2. E. und G. Scupin, Bubis erste Kindheit, Griebens Verlag, Leipzig 1907
3. Kornej Tschukowski, Kinder von zwei bis fünf, Kinderbuchverlag, Berlin 1974
4. Rudolf Steiner, Die Erziehung des Kindes, GA 308
5. Jean Paul, Levana oder Erziehlehre
6. Rudolf Steiner, Theosophie, GA 9
7. Aristoteles, Kategorien, Verlag Felix Meixner, Hamburg 1958
8. Fred Pöppig, Ursymbole der Menschheit, Verlag Die Kommenden, Freiburg 1972, S. 245
9. Hans Erhard Lauer, Weltenwort und Menschensprache, Phil. Anthr. Verlag, Dornach 1972, S. 109
10. Rudolf Steiner, Heilpädagogischer Kurs, GA 217
11. Wilhelm Kelber, Die Logoslehre, Urachhaus Verlag, Stuttgart 1976
12. Denning, Lehrbuch der inneren Medizin, Bd. 2, Stuttgart 1966
13. Alfred Baur, Das Fingertheater, 2. Auflage, Novalis Verlag, Schaffhausen 1974
    Alfred Bauer, Die Finger tanzen, Novalis Verlag, Schaffhausen 1980
14. Erika Dünfort, Der Sprachbau als Kunstwerk, Verlag Freies Geistesleben, Stuttgart 1980, S. 10
15. Martin Tittmann, Deutsche Sprachlehre der Volksschulzeit, Verlag Freies Geistesleben, Stuttgart 1962
16. Rudolf Steiner, Erziehungskunst – Methodisch Didaktisches, GA 294, 4. Vortrag
17. Ernst Burgstaller, Felsbilder in Österreich, Spital am Pyhrn 1961
18. Otto Kampmüller, Öberösterreichische Kinderspiele, Oö. Landesverlag, Linz 1965
19. Alfred Baur, Bli, bla, blu, 3. Auflage Mellinger Verlag, Stuttgart 1984
20. Lothar Vogel, Der dreigliedrige Mensch, Phil. Anthr. Verlag, Dornach 1979
21. Rudolf Steiner, Wahrspruchworte, GA 40

Quellennachweis

Wir danken den nachstehenden Verlagen für ihr Entgegenkommen und die freundliche Genehmigung zum Abdruck von Bildbeigaben:
dem Philosophisch-Anthroposophischen Verlag – Am Goetheanum, Dornach, Schweiz, für die Abbildung »Der Bronchialbaum« aus dem Band »Der dreigliedrige Mensch« von Lothar Vogel,
dem Urs Graf Verlag, Dietikon-Zürich, für die Abbildungen »Die menschliche Gestalt als Modell des Kirchenplanes« und »Tafelbild« aus dem Band »Chartres« von Titus Burckhardt.